Jansen-Nöllenburg Frauenkatzen – Katzenfrauen

SPHINX

Sabine
Jansen-Nöllenburg

Frauenkatzen Katzenfrauen

Eine Seelenverwandtschaft

Für Mimi und Kater

Die Deutsche Bibliothek – CIP-Einheitsaufnahme
Jansen-Nöllenburg, Sabine:
Frauenkatzen – Katzenfrauen : eine Seelenverwandtschaft /
Sabine Jansen-Nöllenburg. – München : Hugendubel, 2001
ISBN 3-7205-2235-0

Lektorat: Claudia Göbel
Umschlaggestaltung: Zembsch'Werkstatt, München, unter Verwendung eines Motivs von Image Bank, München
Produktion: Maximiliane Seidl
Satz: EDV-Fotosatz Huber/Verlagsservice G. Pfeifer, Germering
Druck und Bindung: Huber, Dießen
Printed in Germany

ISBN 3-7205-2235-0

Inhalt

Frau und Katze – ein starkes Gespann

Frauen sind wie Katzen: Beide kann man nur zwingen, das zu tun, was sie selbst mögen.

COLETTE

Anke stand in der Küche und nahm gerade den Braten aus dem Ofen, als sie wie aus dem Nichts ein klägliches Maunzen hörte. Sie sah zum Fenster und entdeckte auf dem Brett, mitten zwischen den Geranienkästen, ein kleines, mageres getigertes Wesen, das sie herzerweichend ansah.

Anke fand Tiere im Zoo immer ganz nett, aber ein eigenes Haustier kam für sie prinzipiell, sehr zur Betrübnis ihrer Kinder, nicht in Frage. Das Aquarium ihres Mannes machte schon genug Arbeit, war ihre Ansicht. Dass ein Vierbeiner irgendwann ihre Hilfe regelrecht einfordern würde, hatte sie jedoch nicht eingeplant. Sie versuchte eine Weile, das klägliche Weinen zu ignorieren, bis es ihr so auf die Nerven fiel, dass sie das Küchenfenster öffnete und die kleine Katze in den Arm nahm. Das Tier kuschelte sich vertrauensvoll an sie und begann sogleich zu schnurren.

Aus Twiggy wurde irgendwann, nach guter Fütterung, Mops. Mops veränderte Anke. Ihre zuvor klar strukturierten Vorstellungen von einem ordentlichen Haushalt und ihre etwas starren Ansichten bezüglich ihrer Mitmenschen wandelten sich nach und nach. Dieser Prozess wurde unverkennbar durch ihre vierbeinige Freundin ausgelöst. Anke spürte, wie sie durch die unnachgiebige Zuneigung und durch das vollkommene Vertrauen der Katze mit der Zeit »weicher« wurde.

»Mopsi hat mich irgendwie lockerer gemacht. So verrückt es klingt, aber diese Katzendame hat mir durch ihren Eigensinn, ihre Durchsetzungs-, aber auch Anpassungsfähigkeit eine Vorstellung davon gegeben, wie auch ich als Frau konsequent meinen Weg gehen kann und dabei auf Toleranz nicht verzichten muss«, erklärt sie heute lächelnd. »Sie hat mich motiviert, mir Gedanken über mich und mein Leben zu machen.« So wurden die Eigenschaften ihrer Katze für Anke zum Symbol für eine positiv gelebte Weiblichkeit.

Rita mochte Katzen schon immer, wollte aber eigentlich keine eigene. Als beruflich engagierte Frau, der kaum Zeit für ein Privatleben blieb, war die Haltung eines Haustiers für sie indiskutabel. Während eines Urlaubs auf Ibiza bereitete es ihr großen Spaß, eine Katze, die sie täglich in ihrem Bungalow am Meer besuchen kam, zu versorgen. Sie teilte sogar ihr Bett mit der schwarzweißen Samtpfote.

Eines Tages legte ihre Urlaubsbekanntschaft ihr ein noch nasses Katzenbaby ans Fußende. Die Schwarzweiße war Mutter geworden. Rita machte sich Sorgen darüber, was mit Mutter und Kind passieren würde, wenn sie zehn Tage später wieder abreisen würde, und führte ein Gespräch mit dem Vermieter des Bungalows. Der bedankte sich für den Tipp und versprach, das Junge noch am selben Tag abzuholen, um es zu ertränken.

Rita war entsetzt. Sie setzte sich mit einem Tierarzt, den deutschen Zollbehörden und der Fluggesellschaft in Verbindung, mit dem Ziel, Mutter und Kind mit nach Hause zu nehmen. Daheim würde sie schon ein gutes Plätzchen für die beiden finden, dachte sie. Und bei diesem Gedanken blieb es mehrere Monate, bis klar war: Eine Trennung von den beiden würde es nicht mehr geben. Damit die Katzen auch gut versorgt waren, während Rita arbeitete, stellte sie eine Haushälterin ein.

Monika ist Journalistin und sollte für die Lokalredaktion einen Artikel über das städtische Tierheim schreiben. Dass dies nicht ohne Folgen bleiben würde, war mir sofort klar, als sie mir davon erzählte und mich als Katzenexpertin fragte, worauf sie bei der Berichterstattung im Besonderen achten solle. Ich kannte Monika recht gut und wusste um ihr mitleidiges Gemüt. Daher gab ich ihr den Rat, so zu schreiben wie immer und sich vor dem Termin eine Art Schutzpanzer ums Herz zu legen.

Nach der Reportage rief sie mich an und bat mich, mal schnell bei ihr vorbeizuschauen. Ich hatte schon eine leise Ahnung, was mich erwarten würde. Versteckt unter Monikas Sofa saß zitternd ein roter Kater mit großen gelben Augen und einem Stummelschwanz. Die Mitarbeiter des Tierheims hatten Monika erzählt, dass dieser arme Kerl auf Grund seines Äußeren wohl niemals einen Besitzer finden würde.

Nun teilen die beiden schon zwei Jahre ihr Leben miteinander. Monika erzählt stolz jedem, ob er es hören möchte oder nicht, dass ihr noch nie ein männliches Wesen so ergeben war wie Kater Tom. Sie genießt es, nicht allein zu sein, wenn sie von der Arbeit heimkommt, freudig begrüßt zu werden und später neben einem schnurrenden und nicht schnarchenden Tom im Bett zu liegen.

Warum haben diese drei Frauen so entschieden? Wussten sie instinktiv, dass die Übernahme einer Katze für sie gut und richtig war? Fühlten sie den richtigen Zeitpunkt für eine vierbeinige Gefährtin oder einen Gefährten gekommen? Oder wurden sie von Hilfsbereitschaft, einem mütterlichen Hege- und Pflegetrieb, Verantwortungsgefühl und Ähnlichem so überwältigt, dass sie überhaupt nicht anders handeln konnten, als den Katzen ein Heim zu schenken?

Doch wahrscheinlich sind die Beweggründe gar nicht so wichtig. Interessant ist, dass alle drei Frauen das Zusammenkommen mit den Samtpfoten als Bereicherung empfanden und dadurch etwas über sich selbst lernten: über ihr Bedürfnis nach Unabhängigkeit, aber auch nach Nähe, über gelebte Eigensinnigkeit und eine besondere Form der Partnerschaft.

Um die rund sechs Millionen Katzen, die allein in deutschen Haushalten leben, kümmern sich maßgeblich Frauen. So unterschiedlich, wie deren Frauenleben aussieht, so verschieden gestalten sich auch ihre Beziehungen zu ihren Vierbeinern. In einem jedoch sind sich die meisten Katzenfrauen einig: Die Beziehung zwischen ihnen und ihrer Samtpfote ist eine besondere: eine Seelenverwandtschaft, einzigartig und unvergleichbar.

Frauenkatzen – Katzenfrauen

In den ländlichen Regionen Portugals erzählen Mütter ihren Töchtern seit Generationen ihre eigene Geschichte von der Entstehung der Frau. Danach entstand Eva nicht aus einer Rippe Adams, sondern aus dem Schwanz einer Katze. Diese sprang Gott über die Hand, als er drauf und dran war, Eva aus der Rippe Adams zu erschaffen.

Das Tier schnappte sich den Knochen, den Gott Adam gerade entnommen hatte, und wollte sich mit seiner Beute davonmachen. Doch im letzten Augenblick erwischte Gott die Katze am Schwanz. Er hielt ihn so fest, dass der Schwanz sich löste. Aus diesem erschuf der Allmächtige dann Eva. Weil er die Rippe nicht mehr brauchte, gab er sie Adam zurück.

Portugiesische Frauen können daher nur lachen, wenn sie wieder einmal die Geschichte von der Entstehung der Frau aus Adams Rippe aufgetischt bekommen.

Afrikanische Frauen wissen außerdem, warum sich die Katzen besonders zu ihnen hingezogen fühlen. Dort kursiert diese kleine Geschichte:

Es war einmal eine kleine Katze im afrikanischen Busch, die sich sehr einsam fühlte. Da schloss sie sich der Königin der Katzen, einer Löwin, an, unter deren Schutz sie sich wohl fühlte und deren übrig gebliebene Beute sie fressen durfte.

Dies ging eine Weile lang gut, bis Jäger kamen und die Löwin töteten. Die Katze beachteten die Jäger nicht. Sie aber spürte, dass die Zeit bald gekommen war, ihre Jungen zu gebären. Und so lief sie hinter den Männern her, weil sie sich unter deren Schutz stellen wollte.

Vorsichtig wie sie war, versteckte sie sich zunächst im Dorf hinter der ersten Hütte. Da hörte sie kurze Zeit später lautes Geschrei. Einer der Jäger rannte aus dem Haus, und seine Frau lief wütend schimpfend hinter ihm her.

Bei diesem Anblick dachte die Katze bei sich: »Wenn dieses Tier auf zwei Beinen mächtiger ist als das zweibeinige Tier, das die Löwin töten konnte, so will ich bei ihm bleiben.«

So kamen die Katzen aus dem Busch in die Dörfer und zu den Frauen.

Eine Seelenverwandtschaft

Zwei Seelen ruhen ach in mir,
sie kämpfen miteinander
wollen Ruhe, Zärtlichkeit
und Liebe,
wollen Freiheit, Unbegrenztsein
und Lust.
Wollen sein wie du,
die Ruhe gibt und Liebe
und Zärtlichkeit
und doch
die Freiheit spürt,
die Grenzen überwindet
und Lust erfährt.

ANGELA ESCHMANN

Frauen haben mit Katzen viel gemein, daher verwundert es nicht, wenn zahlreiche Katzenbesitzerinnen eine Art Seelenverwandtschaft mit ihren Vierbeinern empfinden. Beste Freundinnen gleichen sich in vielen Dingen, in anderen können sie ganz unterschiedlich sein. Gerade das ist der Reiz einer Frauenfreundschaft und auch der Beziehung zwischen Frau und Katze. Im gegenseitigen Geben und Nehmen entsteht zumindest in einer guten und echten Freundschaft ein Gleichgewicht, das von Notwendigkeiten und Rücksichtnahme und nicht von prozentualer Aufrechnung bestimmt wird. Mal gibt die eine mehr, mal die andere. Und an der Freundschaft zur Katze darf meist auch die gute Freundin teilhaben. Sie wird in die Gemeinschaft einbezogen.

So pflegen viele Frauen ein regelmäßiges »Freundinnen-Ritual«, bei dem auch ihre Katze eine Rolle spielt. Meine Freundin und ich zum Beispiel tauschen uns jeden Freitag Nachmittag über all die Dinge aus, die uns in der Woche berührt haben. Manchmal halten wir auch schlichtweg nur einen Smalltalk. Zum Glück ereignet sich ja nicht immer etwas Weltbewegendes. Mein Mann darf sich dann, schließlich sind wir ja nicht männerfeindlich, kurz zu uns setzen. Nach einer Weile räumt er eh freiwillig das Feld.

Meine Katze Mimi jedoch saß früher ganz selbstverständlich bei unseren Treffen mit am Tisch auf einem Stuhl neben meiner Freundin. Obwohl diese eher ein Hunde- als ein Katzenfan ist, weinte sie mit mir, als Mimi starb. Sie begriff, wie wichtig mir diese Katze und wie eng die Bindung war, ohne dass ich dies hätte erklären müssen.

Auch wenn es absurd erscheinen mag: Mimi und ich konnten in Gedanken miteinander kommunizieren, unsere unterschiedlichen Stimmungen wahrnehmen und darauf eingehen. Sie war mir mit ihrem Naturell ein großes Vorbild. Niemals war sie launisch, obwohl man Katzen dies nachsagt, immer hatte ich einen »fröhlichen« Eindruck von ihr. Fressen war ihre besondere Leidenschaft – da waren wir uns nicht unähnlich –, und obwohl ich eigentlich dagegen bin, Katzen bei Tisch etwas abzugeben, haben Mimi und ich uns allerlei Gutes von Kaviar über Hummer bis zur knusprigen zartrosa Entenbrust geteilt. Sie schätzte die gleichen Dinge wie ich. Sie lehnte auch Ähnliches ab. Empfand ich einem Menschen gegenüber Sympathie, so war sie ihm freundlich gesinnt. Konnte ich ihn weniger leiden, beobachtete sie ihn aus einiger Entfernung und wirkte äußerst kritisch und arrogant. Meine allerliebste Deutschlehrerin, eine für die damalige Zeit sehr selbstbewusste Frau, die meine Mitschülerinnen und mich sehr prägte und die wir bedingungslos bewunderten, erklärte uns den Begriff Arroganz einmal mit »mehr wissen als andere und das zeigen«. In diesem Sinn empfand ich Mimis Haltung als diskrete Warnung und war, setzte sie Signale von Coolness, immer ein wenig vorsichtig.

Es war nicht so, dass ich Mimi bevorzugt und meine anderen Katzen ihretwegen vernachlässigt hätte. Sie spielte einfach eine besondere Rolle in meinem Leben, weil sie mir in einigen Dingen ein Vorbild und in anderen sehr ähnlich war.

Die österreichische Psychologin Helene Karmasin hat in einer Studie über Frauen und Katzen herausgefunden, dass die Merkmale, die man Katzen zuschreibt, auch diejenigen sind, die Frauen gern an sich sehen: »Das bezieht sich auf das Schönheitsideal der großen Augen, der kleinen Nase ebenso wie auf Charaktereigenschaften: Katzen sind völlig unabhängige und eigenständige Wesen mit einer ausgeprägten Individualität und Selbständigkeit. Sie machen etwas, weil sie es wollen, nicht weil dies jemand von ihnen will. Und hier treffen sie eine zentrale Wunschvorstellung von Frauen, die die Realität meist verwehrt«, stellt die Psychologin fest und nennt Katzen und Frauen seelenverwandt.

Viele Frauen, die ich zu der besonderen Beziehung zu ihrer Katze befragte, konnten mit dem Wort »Seelenverwandtschaft« etwas anfangen und nickten begeistert und zustimmend, wenn sie diesbezüglich an ihre Katze dachten. Sie waren aber dennoch nicht in der Lage, diese Empfindung so zu beschreiben, dass auch Nichteingeweihte diese nachvollziehen könnten.

Die Seele ist etwas Unsichtbares. Und vieles von dem, was der Mensch nicht sehen kann, ist für ihn unbegreiflich, unheimlich oder mystisch. In der griechischen Kunst wurde die Seele oder Psyche als geflügeltes Wesen dargestellt. Wenn wir ein Wesen gern haben, verleihen unsere Liebe und das Geliebtwerden unserer Seele ja buchstäblich Flügel.

Früher glaubten die Menschen in einigen Kulturen daran, ein Körper beherberge mehrere Seelen. Die Christen glauben daran, eine einzige, einmalige Seele zu haben. Viele Menschen weisen auf ihr Herz, andere auf ihren Kopf, wenn sie nach dem Sitz ihrer Seele befragt werden. Eine Seelenverwandtschaft ist also eine Verbindung, die vom Verstand und vom Gefühl, also vom Herzen – sehen wir es einmal nicht medizinisch – geprägt ist. Laut Grimm'schem Wörterbuch bedeutet Seelenverwandtschaft »im Hinblick auf Empfindungen übereinstimmend«. Fühlen wir wie unsere Katze, oder fühlt sie so wie wir? Unterschiedliche Stimmungen können wir wahrnehmen. Die Katze scheint in dieser Hinsicht jedoch sensibler zu sein als wir, die wir oft abgelenkt und nicht immer offen für die leisen Signale des Tieres sind.

Für die amerikanische Schauspielerin Victoria Principal stellt ihre Beziehung zu ihrer Katze die beste Therapie gegen Stress dar: »Wenn ich sie streichle, werde ich ruhig. Ich habe das Gefühl, ich streichele meine Seele.«

Ich habe noch von keiner Frau gehört, die – in energetischer Hinsicht – eine besondere Verbundenheit mit einer noch jungen Katze erlebt hätte. Dies wundert nicht, denn ein Kätzchen verfügt noch nicht über einen ausgeprägten Charakter. Es ist noch durch seine Besitzerin und durch sein weiteres Umfeld beeinflussbar. Diese spezielle Nähe zwischen Frau und Katze entwickelt sich erst durch das Zusammenleben.

Bei einer Lebenserwartung von 16 bis 18 Jahren begleitet die Katze ihre zweibeinige Freundin in unterschiedlichen Lebensphasen. Die beiden durchleben gemeinsam alle Höhen und Tiefen, ohne dass sie sich, wie es bei menschlichen Beziehungen häufiger vorkommt, durch andere Lebenseinstellungen oder -formen auseinander entwickeln und voneinanderentfernen.

Wenn Sie einmal Rückschau halten und Ihr Leben Revue passieren lassen, wird Ihnen sicher die eine oder andere Freundin einfallen, die Sie ein Stück ihres Lebens begleitet hat und zu der Sie heute keinen Kontakt mehr pflegen. Vielleicht gingen die persönlichen Entwicklungen in unterschiedliche Richtungen und ließen sich nicht mehr harmonisch zusammenfügen, möglicherweise war die räumliche Entfernung zwischen Ihnen zu groß, oder die Chemie stimmte einfach nicht mehr und Sie hatten sich nichts mehr zu sagen. Vielleicht haben Sie auch den Kontakt zu einer Freundin abgebrochen, weil diese Sie schwer enttäuscht hat. Im Zusammensein mit der Katze müssen Frauen etwas in dieser Art nicht erleben und befürchten. Zugegeben: Sie ist von Ihnen abhängig. Doch Ihre Katze steht, solange Sie sich ihr gegenüber ordentlich verhalten, auch ansonsten kritiklos zu Ihnen. Sie ist ein perfekte Zuhörerin, versteht es wunderbar, Trost zu schenken, ist nicht eifersüchtig auf Ihr optisches Erscheinungsbild und neidet Ihnen weder Erfolg noch materielle Werte. Außerdem ist sie immer für Sie da, wenn Sie sie brauchen.

Manche Frauen berichten davon, dass ihre vierbeinigen Gefährtinnen in Gesprächen oft die Position des Gewissens übernähmen und im nonverbalen Dialog sinnbildlich mit der Pfote auf das hinwiesen, was falsch ist. Ob es in diesen Fällen zu einer Art telepathischer Unterhaltung kommt oder ob die Katze der Frau die Ruhe und Entspannung schenkt, die sie zur Entscheidungsfindung braucht, ist hierbei nicht von Bedeutung. Sicher können Sie sich an Situationen erinnern, in denen Sie und ein Ihnen nahe stehender Mensch die gleichen Gedanken hatten. Ohne dass eine oder einer von Ihnen etwas gesagt hätte, hat eine Art Gedankenübertragung stattgefunden.

Warum sollte sich die Katze, deren Kätzisch wir leider nicht immer verstehen, obwohl das Lautrepertoire dieses Tieres fast so groß ist wie das des Menschen, nicht dieser Form der »Kommunikation« bedienen? Die Katze ist, empfinden wir eine Seelenverwandtschaft mit ihr, unseren Gedanken verbunden. Dies lässt sich heute noch nicht wissenschaftlich untermauern. Die moderne Wissenschaft vermittelt uns jedoch, dass sich nicht alles nur nach dem Prinzip von Ursache und Wirkung erklären lässt.

Wem das zu esoterisch klingt, der wird jedenfalls bestätigen können, dass Katzen ausgesprochen gut in der Lage sind, unsere Stimmungen wahrzunehmen. Die Tiere orientieren sich hierbei selbstverständlich auch am Erlernten und an ihren Erfahrungen im Umgang mit uns. Sie kennen die Sprache unseres Körpers und unsere Stimmlage bei Freude, Entspannung oder Trauer. Daher sind sie in der Lage, Verknüpfungen herzustellen und Schlüsse zu ziehen. Wer uns so gut kennt und einzuschätzen weiß, kann nur ein Verwandter im Fühlen und Denken sein.

Wie die Katze so die Frau?

Die Katze besitzt ein äußerst wandelbares Wesen. Auf der einen Seite ist sie sanftmütig, anhänglich und zärtlich. Eben ein richtiges Schmusetier. Sie streicht ihrem Menschen um die Beine, legt sich schnurrend auf seinen Schoß, liebt ihn grenzenlos und kann dennoch Grenzen setzen. Wenn sie etwas nicht will, dann will sie es eben nicht, und auf ihre ganz typische Art ist sie wunderbar in der Lage, nein zu sagen.

Eine Katze nimmt Zärtlichkeit nur an, wenn ihr danach zumute ist, und verschenkt ihre Liebe dann, wenn sie es möchte. Selbst bei ihrer zuchtmäßigen Verpaarung bestimmt sie allein den richtigen Zeitpunkt, und wenn sich zwei Kater in der freien Natur um sie streiten, ist es durchaus möglich, dass sie sich nach Beendigung der Auseinandersetzung dem Verlierer zuwendet. Wenn Katzen die freie Partnerwahl haben, geht man gemeinhin davon aus, dass sie ihre Gefährten öfter wechseln. Durch die Katzenzucht ist aber auch bekannt, dass es Katzen gibt, die treu in »Einehe« mit dem Kater ihres Herzens leben und sich von keinem anderen anrühren lassen.

Wie oft tun Frauen dagegen Dinge, die sie eigentlich nicht wollen? Sie sind eingebunden in gesellschaftliche Strukturen, die ihnen immer noch weismachen wollen, sie müssten vor allem edel, hilfreich und gut sein. In ihrer Erziehung ist ihnen meist vermittelt worden, Anpassung führe prinzipiell zum Erfolg. Da wundert es nicht, dass es vielen Frauen auch heute noch schwer fällt, ihre eigenen Wünsche und Bedürfnisse durchzusetzen – selbst wenn sie sich dieser Problematik bewusst sind. Im Berufs- wie im Privatleben tun Frauen nicht selten Dinge, die ihnen eigentlich widerstreben, um anderen Menschen zu gefallen. Sie nehmen beispielsweise unter Umständen den Körperkontakt durch einen anderen Menschen hin, ohne dass ihnen der Sinn danach steht.

Doch auch Frauen, die ihr Leben selbstbewusst gestalten, müssen sich im Alltag bestimmten Regeln unterwerfen. Deren Einhaltung erleichtert den Umgang miteinander, und dies zu respektieren, ist für harmonische Beziehungen in allen Bereichen oft notwendig. Auch Katzen leben in der Gemeinschaft mit anderen Artgenossen nach einem bestimmten Katzenknigge, um Konflikte zu vermeiden. Dennoch wirken sie auf uns oft freier als zahlreiche Frauen, die sich aus Harmoniesucht so unterordnen, dass ihre eigenen Bedürfnisse dabei auf der Strecke bleiben.

Nach Ansicht des englischen Verhaltensforschers Michael Fox hat der Mensch in der Zivilisation seine Unabhängigkeit verloren: »Er ist Gefangener der Konformität. In den Zwängen der Anpassung aber ist die Katze ein Stückchen Freiheit.« Die Katze jedoch handelt, ist ihr die Möglichkeit durch ein entsprechendes

Umfeld gegeben, nach freiem Willen. Sie lässt sich um des lieben Friedens willen zwar erziehen und auch mit entsprechendem Training, das ihr Spaß macht, konditionieren, aber niemals dressieren.

Vielleicht gibt die Katze dem Menschen – vor allem der Frau – ein Stück von der Freiheit zurück, nach der wir uns sehnen. Im Zusammensein mit ihr können wir uns auf jeden Fall frei, ohne Rücksicht auf Konventionen geben. Sie nimmt uns so an, wie wir wirklich sind.

Frauen werden nicht nur was ihre Wesenseigenschaften angeht mit Katzen verglichen, sondern auch von ihrer optischen Erscheinung her. Frauen sind es heute oft leid, sich Männern gegenüber mystisch und geheimnisvoll zu geben, um ihr Interesse an ihnen zu erhalten. Vielmehr legen sie Wert auf eine ehrliche Beziehung, in der sie sich so angenommen fühlen, wie sie wirklich sind. Auch hierbei kann die Katze als Vorbild für Frauen gesehen werden, denn wirklich unergründlich sind diese Tiere nur für Menschen, die ihr Wesen nicht verstehen und sie nicht lieben.

Frauen sollen in verschiedenen Lebensphasen unterschiedliche Rollenmuster erfüllen, mit denen sie sich nicht immer identifizieren können oder wollen. Sie stellen sich mehr als einmal die Frage, ob ein Weg der Richtige ist. Dies führt bei vielen dazu, dass sie Tarotkarten legen oder ihre Zukunft auspendeln – die sie doch weitestgehend selbst bestimmen könnten – und in zahlreichen Ratgebern nach dem Sinn ihres Lebens suchen. Trotzdem sind Frauen aus diesem Grund aber nicht von Natur aus unsicher. Oft sind ein hohes Maß an Sensibilität und der Wunsch nach Weiterentwicklung und Veränderung sowie nach zufriedenstellenderen Formen des Daseins Motivation für ihr Handeln.

Katzen wirken auf uns Menschen sehr selbstbewusst, auch wenn es wissenschaftlich noch nicht geklärt ist, ob Katzen wirklich über das verfügen, was wir beim Menschen als Bewusstsein bezeichnen. Eine Frau, die ihr Leben mit einer Katze teilt, fasziniert die Sicherheit, die dieses Tier ausstrahlt, obwohl insbesondere reine Wohnungskatzen, was Ernährung, Beherbergung und Zuwendung angeht, komplett abhängig von ihrer Besitzerin oder ihrem Besitzer sind.

Bei allem Eigensinn und Sanftmut ist die Katze gleichzeitig mit den Fähigkeiten eines kleinen Raubtiers ausgestattet und kann sich wenn nötig äußerst wehrhaft verhalten. Auch Frauen – selbst sehr angepasst wirkende – sind dazu sehr wohl imstande. Wie wird eine Mutter reagieren, wenn jemand ihr Kind angreift? Sie wird sich schützend vor es stellen und wie eine Löwin um ihren Nachwuchs kämpfen. Sie wird dabei weniger Furcht empfinden als das beschützen, was von ihr abhängig ist und zu ihr gehört. Frauen sind nicht grundsätzlich scheu und ängstlich, sondern haben über Generationen bewiesen, wie couragiert und mutig sie in der Not sein können.

Als Jäger sind Katzen hervorragende Beobachter. Eine gute Wahrnehmung zu besitzen ist für Katzen von Natur aus überlebensnotwendig. Diese Eigenschaft lässt sich durchaus auch noch bei den meisten reinen Sofamiezen feststellen, die sich nicht dem oftmals brutalen Überlebenskampf im Freien stellen müssen.

Auch Frauen müssen gut beobachten und sensibel Situationen einschätzen können. Der Vergleich hinkt jedoch ein wenig, obwohl oder gerade weil Frauen in unserer Gesellschaft meist weniger die Jägerinnen als vielmehr die Gejagten sind.

Zwischen Individualität und Anpassung

Wenn Frauen gefragt werden, wie es ihnen geht, antworten die meisten »Danke, gut«, auch wenn dies in keinster Weise der Realität entspricht. Damit unterscheiden sie sich nicht unbedingt vom Gros der Männer. Frauen erwarten aber vom Gegenüber oft, aufmerksam zu erahnen, wenn sie Zuwendung oder Trost brauchen. Doch nicht immer hat dieses Gegenüber die Muße, sich in jemand anderen hineinzudenken, und meist ist dies auch schlichtweg zuviel verlangt. Um wie viel gesünder wäre es für Frauen und wie viele Bedürfnisse würden sie schneller und besser befriedigen können, würden sie offen um Zuwendung oder ein offenes Ohr bitten, wenn sie diese brauchen.

Als meine Lieblingskatze Mimi starb, schellte es kurz darauf an meiner Tür. Ich öffnete und sagte der dort wartenden Frau des Gemeindepfarrers unter Tränen, ich könne mich jetzt nicht unterhalten, ich sei tief traurig. Da meinte sie spontan: »Wie gut, dass Sie sich nicht verstellen. Die meisten Leute halten mit ihren Gefühlen hinter dem Berg.«

Die Katze verbirgt ihre Wesenseigenschaften nicht hinter einer Fassade. Sie muss sich auch nicht mit anderen Katzen »zusammenrotten«, um mutig zu sein. Eher knüpft sie mit Artgenossen zweckfreie Freundschaften oder schließt sich zum Beispiel zu einer Nutzgemeinschaft, nämlich zur gegenseitigen Aufzucht ihrer Jungen, mit anderen Katzenmüttern zusammen. Grundsätzlich bleibt sie nicht nur ihrem Menschen, sondern auch sich selbst treu. Dennoch versteht sie es, sich wenn nötig unterschiedlichen Situationen anzupassen.

Individualität auszudrücken setzt zunächst die Gabe voraus, sich selbst so anzunehmen, wie man ist. Doch es gibt es immer noch Frauen, die ein negatives Selbstbild haben, die sich zu wenig lieben, zutrauen und respektieren. Die Katze kann ein Vorbild für diejenigen sein, die sich geben möchten, wie sie sind, und die auch andere mit all ihren Wesenszügen akzeptieren möchten, ohne sie verändern zu wollen. Denn unsere Mieze liebt uns, gleich ob wir mutig oder ängstlich, hübsch oder hässlich, arm oder reich sind. Sie lässt sich erziehen und setzt sich dennoch gegen eine Unterdrückung zur Wehr. Die Katzenbesitzerin bestimmt zwar als »Oberkatze« den Lebensraum und eine großen Teil des Tagesrhythmus der Katze, die Partnerschaft zwischen beiden wird ansonsten aber von demokratischen Strukturen bestimmt.

Dies ist unter Menschen nicht immer der Fall. Über ein Beispiel für solch eine Ausnahme berichten die Bergsteigerinnen Monica Jackson, Elizabeth Stark und Evelyn Camrass, die als erste Frauen-Himalaya-Expedition 1955 in die Geschichte eingingen: »Es erschien uns nicht notwendig, eine von uns als Anführerin zu wählen, da wir alle sehr individuelle Persönlichkeiten sind und daher auf gleichberechtigte Weise wahrscheinlich besser zusammengearbeitet haben, als wenn eine die Führung übernommen hätte. In den meisten Fragen bezüglich der Expedition waren wir uns einig, und über anstehende Entscheidungen stimmten wir immer gemeinsam ab.« Diese Frauen stellten unter Beweis, dass sie enorme Leistungen erbringen konnten, ohne dass eine den anderen diktierte, was zu tun wäre. Eine Angleichung ist hin und wieder zum harmonischen Umgang miteinander unverzichtbar. Sie sollte jedoch nicht mit Selbstaufgabe verwechselt werden.

»Katzen sind intelligent. Frauen auch. Das verbindet.« So erklärt die Katzenexpertin Christina Klinka, worin ihrer Meinung nach die wichtigste Gemeinsamkeit von Frau und Katze besteht. »Die Verbindung zwischen dem ›Geheimnis Katze‹ und den Frauen aber wird im Prinzip von Männern forciert«, so Klinka weiter, »und ähnelt frappant den auf der gleichen unglaublichen Logik basierenden Äußerungen über Frauen am Steuer oder dergleichen, womit eigentlich schon alles gesagt wäre. Männer mussten viel Zeit darauf verwenden, ihr Bild der Stärke und Autorität zu pflegen, dazu passte nur ein Wesen, das sich dies gefallen lässt und bereitwillig den zweiten Platz einnimmt. Frauen und Katzen erweisen sich in diesem Zusammenhang nicht selten als aufmüpfig und sind daher als Wasserträger nicht sonderlich geeignet.«

»Die Katze lernt man nicht kennen, indem man sein Haus mit ihr teilt und sie im Übrigen ihrer eigenen Wege ziehen lässt«, so schreibt Ulla Schultz-Roth. »Einer Katze muss man sich mit ganzem Herzen widmen, nur dann kann man erfahren, ob man dem großen Kreis der Katzenliebhaber zugehört oder ob man ihrer Freundschaft nicht gewachsen ist. Die Liebe zur Katze verlangt mehr als die Zuneigung zum Hund. Sie setzt ein Maß an Selbstbeherrschung voraus, wie es nicht allen Menschen gegeben ist.«

Wie die Katze verstanden und geliebt zu werden wünschen sich auch Frauen nicht selten. Nehmen wir uns den Text also noch einmal vor und verändern einige Worte. Dann wird schnell klar, warum sowohl Frauen als auch Katzen als unergründliche Wesen bezeichnet werden: Eine Frau lernt man nicht kennen, indem man sein Haus mit ihr teilt und sie im Übrigen ihrer eigenen Wege ziehen lässt (das heißt sie, solange sie ihren hausfraulichen Arbeiten ordentlich nachgeht, ansonsten nicht beachtet). Einer Frau muss man sich mit ganzem Herzen widmen, nur dann kann man erfahren, ob man dem großen Kreis der Frauenliebhaber zugehört oder ob man ihrer Freundschaft nicht gewachsen ist. Die Liebe zur Frau verlangt mehr als die Zuneigung zum Hund (dem Job, dem Fußballverein und dem Auto). Sie setzt ein Maß an Selbstbeherrschung voraus, wie sie nicht allen Männern gegeben ist.

Gleich und Gleich gesellt sich gern

Viele Frauen fühlen sich zu Katzen auch wegen ihrer optischen Erscheinung hingezogen. Unter Umständen wird die Katze dann gar zum Wunsch-Spiegel des eigenen Seins. Der Körper der Katze ist meist schlank, grazil bis muskulös, ihre Bewegungen sind anmutig, geschmeidig und elegant. Die Augen der Katze sind mandelförmig bis rund und von traumhaft schöner Farbe, und ihr Haarkleid glänzt in zahlreichen Schattierungen.

Nicht umsonst wird der Gang weiblicher Models auf den Laufstegen der Modewelt als »Cat-Walk(ing)« bezeichnet. Was mühen Frauen sich ab, um ihre Figur zu halten: Sie teilen ihre Pralinen nach einem strengen Plan ein, treiben, auch wenn sie lieber auf dem Sofa sitzen würden, Sport, bis der Schweiß in Strömen fließt, kleiden sich wenn nicht nach der neuesten Mode so doch möglichst typgerecht, schminken sich mit dem Kajalstift Katzenaugen sowie einen verführerischen Kussmund und vieles mehr, nur um einem bestimmten Schönheitsbild zu entsprechen, das auch Männer gern mit Katzen in Verbindung bringen.

Weibliche Identität scheint sich nach wie vor zu einem großen Teil über das äußere Erscheinungsbild und die Schönheit zu manifestieren. Frauen, die von Männern als hässlich definiert werden, werden von ihnen meist als geschlechtslos empfunden. Die Fixierung auf Schönheit, die immer auch in Verbindung zu sehen ist mit sexueller Attraktivität, also körperlicher Präsenz, zeigt, in welchem Dilemma sich Frauen befinden können. Dabei sind ihre verinnerlichten Bilder von Schönheit und Hässlichkeit abhängig von der Kultur und den gesellschaftlichen Strukturen, in denen sie leben.

In den Wohlstandsländern zum Beispiel sollen Frauen möglichst schlank sein, schließlich gibt es Nahrung im Überfluss, und Frauen können, wenn sie wollen, bewusst auf dick machende Speisen verzichten. Schlanke Frauen demonstrieren zudem, dass sie es nicht nötig haben, harter körperlicher Arbeit nachzugehen. Sie sind somit ein Symbol für Wohlstand. In den armen Regionen dieser Welt, in denen Frauen oftmals ums pure Überleben kämpfen, werden oft eher wohl gerundete Proportionen als attraktiv empfunden. Auch hier ist die Art des Körpers und wie dieser empfunden wird, Sinnbild für Reichtum, und grenzt die Frau von jenen ab, die arm sind.

Das Schöne ist zudem meist makellos. Abweichungen von der Norm werden, sind die Proportionen unharmonisch und asymmetrisch, weder bei Menschen noch bei Tieren als schön empfunden. Katzen, die von extremer züchterischer Selektion verschont geblieben sind, zeichnen sich fast immer durch eine harmonische Schönheit aus, weil die Natur sich von allein auf ein ausgewogenes Maß der Dinge einpendelt.

Wenn Frauen ihrer Schönheit ein wenig nachhelfen, macht ihnen dies manchmal enormen Spaß, ein anderes Mal ist ihnen der ganze Aufwand lästig. Schmunzeln können manchen Frauen zum Glück über sich selbst, wenn sie verliebt sind und alsbald ihrem Herzensbrecher entgegentreten sollen. Da gibt es dann nicht ein Kleidungsstück im übervollen Schrank, in dem sie wirklich »top« aussehen, und ihre Haare entwickeln trotz perfekten Schnitts ein merkwürdiges Eigenleben. Es soll allerdings auch Frauen geben, denen solch eine Szene viel zu dumm ist und die immer, nicht nur am frühen Morgen, so aussehen, wie Göttin sie erschuf. Sie kenne ich aber nur vom Hörensagen.

Beobachten Katzen ihre Besitzerinnen beim »Aufrüsten« ihres Äußeren, finden sie deren reges Schönheitstreiben sehr amüsant. So verfolgen in einem Krimi der Katzenfreundin Rita Mae Brown die graue Tigerkatze Mrs. Murphy und der Hund Tee Tucker belustigt die Suche der Hauptfigur Marry Minor Haristeen, genannt Harry, nach einem BH, den sie bei ihrem bevorstehenden Date mit ihrem Ex-Mann tragen könnte. Tucker malt sich amüsiert aus, wie nett es wäre, wenn auch Mrs. Murphy »so etwas« tragen müsste.

In den Vereinigten Staaten und in Russland gibt es Wettbewerbe, bei denen Frauen sich mit ihren Katzen zum schönsten Paar küren lassen können. Es ist nichts dagegen einzuwenden, wenn Frauen sich als Katzen verkleiden möchten. Zu Karneval dient mir meine alte Tigerhose auch als mein liebstes Kostüm. Doch Frauen, die ihre Vierbeiner in das gleiche Menschen-Outfit stecken wie sich selbst – so ist es bei den Wettbewerben üblich –, sind wahrscheinlich nicht unbedingt nette Frauchen. Erste diesbezügliche Bestrebungen in Deutschland waren zum Glück nicht von Erfolg gekrönt. Bei den Heimtieren gibt es eher schon zu viel als zu wenig Vermenschlichung.

Der direkte Vergleich zwischen Frau und Katze ist vor allem beim Thema Schönheit allgegenwärtig, zumindest aus Sicht vieler Männer, wie dem Dichter Giovanni Rajeberti: »Die Schönheit der weiblichen Katze ist vielseitig wie die Schönheit der Frau. Jeder Geschmack wird befriedigt. Da gibt es die Schlanke und die Mollige, die Blendendweiße und die Braune, die Blonde und endlich die Buntgefleckte, verführerisch und launig gezeichnet, wie von raffinierter Künstlerhand. Sie alle sind Lieblinge der Natur. Und was für Schönheitsmittel stecken hinter solchen Reizen? Das eben ist das Wunder. Kein modischer Kleinkram, kein Spiegel, kein Stift, keine Schminke: etwas Speichel und eine Zunge, das ist das ganze Geheimnis. Wie werden Ehemänner, die sich endloser Rechnungen der Schneiderin, des Friseurs, der Hutmacherin und des Goldschmiedes kaum erwehren können, die Katze als erhabenes Vorbild der Einfachheit und Sparsamkeit verehren.« Möglicherweise hatte er sich gerade über eine Einkaufsrechung seine Frau geärgert, als er diese Zeilen schrieb.

Gegensätze ziehen sich bekanntermaßen an. So gibt es Frauen, die nach dem Motto »Wir sind rund, na und!« zufrieden leben und dennoch die schlanke Figur ihrer Siamkatze bewundern. Auf Katzenausstellungen kann man hin und wieder äußerst korpulente zweibeinige Geschlechtsgenossinnen sehen, deren Siamkatzen so überschlank sind – was dem züchterischem Trend der letzten Jahre entspricht –, dass man sich zwangsläufig fragt, ob diese mageren Miezen Claudia Schiffer auf vier Pfoten sein sollen.

Meine Katzen, dies sei nur am Rande erwähnt, sind nach Ansicht einiger Katzenfreundinnen zu »moppelig«. Da auch ich gutem Essen nicht abgeneigt bin, soll es auch all meinem Lieben gut gehen. Daher bin ich auch eine begeisterte Katzenfutter-Käuferin und scheue keine Kosten, um für meine Lieblinge nur das allerfeinste Futter auf den Tisch, Verzeihung, in den Napf zu bringen. Mein Mann äußerst nach so einem Großeinkauf hin und wieder, dass er auch gern etwas Leckeres essen würde, aber vom Katzenfutter möchte er nicht kosten, auch wenn unsere Miezen noch so begeistert schlemmen.

Es ist faszinierend zu sehen, wie sehr sich Frau und Katze nach einigen Jahren des Zusammenlebens vom Äußeren her angleichen. Deshalb achte ich stark darauf, dass alle meine Katzen wirklich hübsch sind, denn wer weiß, wie sich das sonst auf mein Erscheinungsbild auswirkt. Von der Partnerwahl ist ja bekannt, dass sich häufig die Menschen finden, die sich – vom »Marktwert« einmal abgesehen – äußerlich gleichen. Vermutlich ist einem das, was man von klein auf im Spiegel sieht, am vertrautesten.

Dies würde auch erklären, um es an einem Beispiel festzumachen, warum sich Frauen, die eine kleine Barbie-Puppen-Nase haben, meist eine Perserkatze mit winzigem Näschen aussuchen, und Frauen mit ausgeprägtem Riechorgan eher eine Norwegische Waldkatze mit langer, gerader Nase bevorzugen. Meine Studien diesbezüglich konnte ich allerdings noch nicht wissenschaftlich untermauern.

Es kann recht spaßig sein, die eigene Mieze einmal mit vor den Spiegel zu nehmen und Parallelen zu ziehen oder gravierende Unterschiede festzustellen. Im Internet gibt es bereits Fotospiele, bei denen das Gesicht einer Frau in das einer Katze übergeht.

Samtpfoten für alle weiblichen Lebenslagen

Die Katze ist gerade für Frauen ein Haustier, mit dem sich gut zusammenleben lässt und das, handelt es sich nicht um eine Rassekatze, nicht teuer in der Anschaffung ist. Ob eine Frau als Single lebt oder in einer Partnerschaft, ob sie Mutter ist, einer Berufstätigkeit nachgeht, ob sie mehr oder weniger Lenze zählt, all dies ist weniger wichtig. Selbstverständlich muss bei der Auswahl der Katze überlegt werden, ob das Tier in die Lebensstruktur passt, damit sich später keine Probleme im Zusammenleben ergeben und die Freude bringende harmonische Beziehung kein Wunschtraum bleibt. Unerfahrene Katzenfreundinnen sollten sich diesbezügliche Literatur beschaffen und sich mit anderen Katzenhalterinnen austauschen.

Wenn erwachsene Frauen sich auf die Suche nach einer Samtpfote machen, müssen die Konstellationen passen. Sind Frauen nicht mit Tieren aufgewachsen, wollen viele von ihnen sich ihren Kindheitstraum von der eigenen Katze später erfüllen, so wie diese Katzenfrau: »Als ich noch klein war, brachte mein Vater aus dem Betrieb, in dem er arbeitete, hin und wieder ein kleines Kätzchen für einen Tag mit nach Hause. Ich war immer sehr traurig, wenn er es wieder mitnahm, begriff jedoch, dass seine Mutter es vermisste. Auch im Urlaub gab es immer ein paar Miezen, die es mir angetan hatten und die ich mit Futter versorgte. Eine eigene Katze durfte ich damals nicht haben, weil meine Eltern die damals noch sehr verbreitete Ansicht vertraten, dass eine Katze sich bei reiner Wohnungshaltung unwohl fühlen würde. Ich beneidete alle meine Freundinnen glühend, die eine Katze oder einen Hund ihr eigen nennen durften und beschloss damals, mir eine Katze zu kaufen, wenn ich einmal erwachsen wäre. Heute tummeln sich fünf Katzen in unserem Haus.«

Mädchen, die mit einer Katze groß geworden sind, erlebten dies meist bereits früh als wohltuende Freundschaft. Die Katze stellt im Gegensatz zur Erwachsenenwelt keine Ansprüche auf Wohlverhalten an ein Kind. Solange sie gut behandelt wird, liebt sie es und lebt ihm eine gute Mischung aus Selbstbewusstsein, Eigensinn und Anhänglichkeit vor – Eigenschaften, um die sich viele Frauen in dieser Kombination bemühen.

Laut Meyers Katzenlexikon wurden 4000 Kinder zwischen acht und 16 Jahren für eine Studie gefragt, was für ein Tier sie gern wären. 18 Prozent der Mädchen entschieden sich für die Katze, bei den Jungen waren es nur sieben. Die Katze bietet also nicht nur erwachsenen Frauen, sondern auch Mädchen die Möglichkeit der Identifikation. Doch auch heute noch müssen Mädchen damit leben, einem bestimmten Rollenbild entsprechen zu sollen. Weichen sie davon ab, haben sie es meist schwer. Gehen sie ähnlich eigensinnig ihren Weg wie Jungen, erfahren sie häufig nicht nur Repressalien durch die Eltern und Lehrer, sondern werden im schlimmsten Fall von ihren Mitschülern und ihrer Clique gehänselt bis gemobbt – es sei denn sie gehören einer starken Mädchenclique an. Eine Katze kann das Selbstbewusstsein und den Eigensinn eines Mädchens stärken.

Auch Fürsorglichkeit kann im Umgang mit einer Katze gut ausgelebt und »geübt« werden, denn diese nimmt sie mit direkter Dankbarkeit und Freude an. Verantwortung zu tragen und als angenehm zu empfinden, kann sich bei Mädchen so spielerisch entwickeln. In der Phantasiewelt vieler Mädchen wird die Katze zur treuen, mutigen und auch tröstenden Begleiterin.

In der Pubertät, einer Zeit, in der auch die körperliche Distanz zu den Eltern wächst und die intime Zweisamkeit von ersten Erfahrungen mit einem Partner noch von Unsicherheit bestimmt ist, bietet die Katze der heranwachsenden Frau zärtliche Körperkontakte ohne Ängste. Sie ist eine Vertraute, der sie all das erzählen kann, was sie bewegt.

Es gibt zahlreiche weitere Gründe dafür, warum eine Frau beschließt, sich eine vierbeinige Freundin anzuschaffen. Häufig ist es so, dass im Freundes- und Bekanntenkreis eine Katze eingezogen ist, die sich allerseits großer Bewunderung erfreut. Lebt eine Freundin vor, wie viel Spaß ihr das Zusammensein mit ihrer Katze macht, breitet sich der Wunsch nach einem solchen Tier oft weiter unter ihren Freundinnen aus.

Allein und doch nicht allein

Selbst eine Frau, die ihr Singledasein genießt, fühlt sich hin und wieder einsam. Es gibt Tage, an denen sie sich mehr als sonst nach einem Ansprechpartner sehnt. Die Weihnachtstage, Silvester, endlos lange Wochenenden, an denen keiner Zeit hat, und dann das Nachhausekommen in die leere Wohnung nach einem anstrengendem Arbeitstag voller Eindrücke – solche Momente bereiten ihr manchmal Frust.

Die Frau trifft also die Entscheidung, sich zwei hübsche Samtpfoten anzuschaffen. Denn da sie den ganzen Tag außer Haus ist, würde sich eine einzelne Katze, die von morgens bis abends darauf warten muss, dass ihre Besitzerin endlich heimkommt, noch mehr als diese langweilen und einsam fühlen. Die paar gemeinsamen Stunden am Abend und an Wochenenden reichen der Katze nicht zum Glücklichsein, auch wenn ihre Besitzerin sich ihr intensiv widmet. Katzen können, wenn sie sich vernachlässigt fühlen, äußerst vehement reagieren und Verhaltensstörungen entwickeln. Außerdem möchte die Frau ihre Zeit bestimmt nicht ausschließlich mit der Katze – ob beim Spiel, mit einem guten Buch auf dem Sofa oder vor dem Fernseher – verbringen, sondern hin und wieder noch einmal mit Freunden ausgehen. Damit sie nicht irgendwann das schlechte Gewissen plagt, sollten sich also allein lebende Frauen, die sich eine Katze wünschen, gleich mit dem Gedanken anfreunden, zwei aufzunehmen.

Der Verhaltensforscher und Katzenexperte Dennis C. Turner, Gründer des »Instituts für angewandte Ethologie und Tierpsychologie«, untersucht seit langem die Beziehung von Frauen und Katzen zueinander. Dies liegt vermutlich nicht nur daran, dass er ein großer Katzenfreund ist, sondern auch daran, dass ihn bei seinen Forschungen maßgeblich Frauen unterstützen, wie Karin Stammbach, Mitarbeiterin des Zoologischen Instituts der Universität Zürich-Irchel, und Stephanie Kannchen. 1989 führte Turners Team eine Studie zum Thema »Frau und Katze« durch und veröffentlichte die Ergebnisse u.a. in der Zeitschrift »Geliebte Katze«. Danach erscheinen Singlefrauen als »weniger gewillt [...], den Wünschen ihrer Katze nachzukommen, als Frauen mit Partner«. Bei allein stehenden Frauen erhielten die Tiere meist nicht soviel Aufmerksamkeit, wie sie benötigen.

Und so kann ich nur auf den Rat zurückkommen, sich gleich zwei Tiere anzuschaffen. Trotzdem kommt es aber weniger auf die Zeit insgesamt an, die eine Frau zu Hause bei ihrer Katze bzw. ihren Katzen verbringt, sondern auf die auch für die Tiere qualitativ wertvoll verbrachte Zeit. Widmet sich zum Beispiel eine berufstätige, allein stehende Frau ihrer Katze in ihrer Freizeit intensiv, so kann die Beziehung viel inniger werden als es in einem Familienhaushalt möglich wäre, in dem die Katze nur so »mitläuft«. Dennoch findet die Katze in größeren Familien oder auch Wohngemeinschaften vermutlich schneller einen Ansprechpartner, der dann Zeit für sie hat, wenn sie schmusen oder spielen will.

Nun hegen manche allein stehende Frauen die Befürchtung, sie könnten mehreren Tieren nicht gerecht werden. Auch haben sie

Angst, dass sich die Tiere mehr aneinander als an sie binden würden. Doch der Mensch ist in den Augen der Katze auch Katze, mit dem Unterschied allerdings, dass er mit anderen Fähigkeiten als sie ausgestattet ist. Katzen können innige und zärtliche Freundschaften untereinander pflegen und dennoch ihren Menschen lieben und seine Zuwendung brauchen.

Als Faustregel gilt, dass man so viele Katzen halten kann, wie man Hände zum Streicheln hat. Katzen entwickeln ihren eigenen Rhythmus beim Spielen und Schmusen und verspüren, teilt man ihre Liebe unter den Tieren nach deren Bedürfnissen auf, keine Eifersucht aufeinander. Wenn man keine Zeit oder Lust hat, zwei sich fremde Katze aneinander zu gewöhnen, sollte man sich für ein Geschwisterpaar aus einem Wurf entscheiden. Junge Katzen schließen, auch wenn sie sich fremd sind, schneller und problemloser Kontakt miteinander als erwachsenen Katzen.

Singlefrauen, die nicht berufstätig sind, über viel Zeit verfügen und diese gern zu Hause verbringen, müssen sich darüber, dass ihre Katze sich einsam fühlen könnte, keine Gedanken machen. Sie kann sich problemlos auf das Leben mit einer Mieze beschränken oder sich den Luxus einer Mehrkatzenhaltung leisten. Schließlich soll es auch allein lebende Katzenbesitzerinnen geben, die ein Vermögen geerbt haben oder die – und das dürfte der häufigere Fall sein – bereits im Ruhestand sind.

Im Zoogeschäft ist die allein lebende Katzenfrau eine gute Kundin und kauft ihrer Mieze, wann immer es ihr möglich ist, besonders hochwertiges Futter. Die kleine Lage Lachs, die sie sich hin und wieder gönnt, oder ein mageres Putenfilet werden wie andere Leckereien schwesterlich mit der Katze geteilt.

Katzen vertreiben nicht nur Einsamkeit, stellen eine Art Gesprächspartner dar und stillen das Bedürfnis nach körperlicher Nähe und Zärtlichkeit. Sie dienen auch als Kontaktbrücke. Katzomaninnen unter sich können stundenlange Gespräche über die Kapriolen ihrer Lieblinge führen. Oft haben sie ein Foto ihrer vierbeinigen Freundin in der Tasche und/oder auf dem Schreibtisch oder im Regal stehen.

Die Vorgesetzten einer berufstätigen allein stehenden Katzenfrau werden, wie auch die Kolleginnen und Kollegen, in die Beziehung eingeweiht und müssen Verständnis dafür haben, dass Leistungshochs und -tiefs nicht selten mit dem Wohlbefinden des Haustieres in Verbindung stehen. Ist die Katze ernsthaft erkrankt, hat ein guter Vorgesetzter auf die Mitarbeiterin Rücksicht zu nehmen und ihr, steht ein Tierarztbesuch an, dafür frei zu geben. Beruflich engagierte Frauen schrecken auch nicht davor zurück, ihre kranke Katze mit ins Büro zu nehmen, um sie entsprechend beobachten zu können.

Katzenfreundin Heike hat ihren gut bezahlten Job gekündigt und sich einen neuen gesucht, weil sie ihre Katze nach einer Operation nicht mit in den Betrieb nehmen durfte. Ihr neuer Arbeitgeber war und ist witzigerweise ein Katzenarr. Gerade weil sie in ihrer Bewerbung ausdrücklich um die Möglichkeit gebeten hatte, wenn nötig ihre Mieze mitzubringen, hatte er sie eingestellt.

Die beiden wurden sich darüber hinaus einig, ihrer beider Katzen auf Gegenseitigkeit im Urlaub zu versorgen. Aus diesem Arbeitsverhältnis hat sich dann noch ein anderes entwickelt: Die Zwei leben heute zusammen und sind nun zu viert. So hat die Liebe zur Katze noch zu einer anderen Liebe geführt.

Anne-Marie hatte weniger Glück. Viele Jahre lebte sie mit ihrem Kater Fritz in trauter Zweisamkeit, bis sie auf einer Feier Thomas kennen lernte und sich in ihn verliebte. Dummerweise konnte Fritz Thomas überhaupt nicht leiden, und die Antipathie beruhte auch noch auf Gegenseitigkeit.

Zunächst glaubte Anne-Marie jedoch, es sei alles in bester Ordnung, weil Fritz, der sich sonst Gästen gegenüber zurückhaltend zeigte, sobald Thomas auf dem Sofa saß auf seinen Schoß sprang und es sich hier gemütlich machte.

Sie wusste aber nicht, dass es Katzen gibt, die sich von den ärgsten Katzenhassern wie magisch angezogen fühlen. Dies liegt vermutlich daran, dass Katzen starke Energiefelder suchen. Auch durch Antipathie, wahrscheinlich vor allem unterdrückte, könnte eine große Energie entwickelt werden.

Als Thomas begann, hin und wieder bei Anne-Marie zu übernachten, startete Fritz seine Anti-Thomas-Maßnahme. Er pinkelte auf Thomas' Schuhe sowie auf dessen Kopfkissen und biss ihn eines Tages, als alles andere nicht half, ins Bein. Als sich Anne-Marie verzweifelt um Rat an mich wandte, bemühte ich mich, ihr deutlich zu machen, dass der Kater eifersüchtig war und sich vernachlässigt fühlte.

Verständnis zu entwickeln gelingt am besten, wenn man sich in die Rolle des Tieres hineinversetzt. Ein für Fritz völlig fremder Mensch war in seine zuvor heile Welt eingebrochen und nahm ihm die Aufmerksamkeit, die ihm bislang allein gegolten hatte. Ich empfahl Anne-Marie, Fritz bestimmte Bachblüten gegen Eifersucht zu verabreichen und ihr eigenes Verhalten so umzustellen, dass der Kater durch viel Spiel, Schmuserei und Gespräche wieder glücklich werden könnte. Auch ihr Freund sollte sich bemühen, das Protestverhalten erst einmal zu ignorieren und sich so zum Beispiel im Spiel mit dem Kater zu beschäftigen, dass eine Freundschaft entstehen könne. Thomas' Liebe zu Anne-Marie war anscheinend nicht groß genug, als er ihr erklärte, dass er so ein Theater um einen Kater überhaupt nicht einsehe und keinesfalls bereit sei, sich von Fritz tyrannisieren zu lassen. Kurzum: Sie sollte Fritz abgeben.

Anne-Marie liebte ihren Kater jedoch innig und war nicht bereit, sich von ihm zu trennen, schließlich war er ihr in all den Jahren ein treuer Gefährte gewesen. Kurze Zeit später musste sie feststellen, dass Thomas sie betrog. Sie beendete die Beziehung und weinte sich mit Fritz auf dem Schoß die Augen aus. »Das hätte ich dir gleich sagen können«, hätte der Kater wohl geäußert, doch Anne-Marie verstand ihn auch ohne Worte. Ein Jahr später lernte sie Peter kennen, der sich prächtig mit Fritz verstand und so clever war, sich von Anfang an um seine Freundschaft zu bemühen. Es gibt eben »solche und solche«, wie es im Volksmund so schön heißt.

Die Katze als beste Freundin

Oft ist die Katze die beste Freundin einer Frau, und ihr Verhältnis zueinander zeichnet sich durch eine besondere Intensität aus. Menschen, die ohne Tiere leben, lächeln manchmal darüber, dass eine Katze einen solchen Stellenwert im Leben einer Frau einnehmen kann. Die Samtpfoten sind jedoch sensible, intelligente und äußerst soziale Tiere. Die soziale Kompetenz, die eine Katze im Zusammenleben beweist, vermissen nicht wenige Frauen im Umgang mit Männern, aber auch oft mit anderen Frauen.

Eine Freundin ist in allen Lebenslagen und Bereichen glaubwürdig. Mit ihr bereitet das Zusammensein auch in traurigen Stunden Freude. Die habilitierte Psychologin Verena Kast erklärt: »Generalisiert kann gesagt werden: Bei der besten Freundin spüren Frauen Nähe, Wärme, fühlen sich geborgen und sicher, akzeptiert, auch wenn sie etwas machen, das die Freundin eigentlich nicht versteht. Sie können schwach und stark sein, sie können sich aufeinander verlassen in guten und in schlechten Tagen, wobei gerade auch die guten Tage betont werden, sie können offen sie selber sein, ohne sich verstellen zu müssen, ohne eine Rolle zu spielen; sie haben den Raum, um immer wieder neu herauszufinden, wer sie selbst sind, wer sie selbst sein können. Und das alles ist verbunden mit Freude, Spaß und Wohlbefinden.«

Was Verena Kast hier für Frauenfreundschaften zusammengefasst hat, sagen viele Frauen in ähnlicher Weise über die Beziehung zu ihrer Katze. »Wenn ich es mir mit meiner Katze gemütlich mache«, meint Julia, »dann ist das für uns beide immer besonders schön. Meine Katze kuschelt sich auf meinem Schoß zusammen, schnurrt, und ich kann ihr alles erzählen, was mich bewegt. Ich spüre ihre Nähe und Wärme ganz intensiv. Sie ist beim Schmusen so sanft und in anderen Bereichen ganz wild. Dafür bewundere ich sie. Ich kann mit ihr vollkommen ich selbst sein, weil sie mich so akzeptiert, wie ich wirklich bin. Ich brauche keine Maske. Ich muss mich nicht verstellen.«

So genießen viele Frauen wie Julia mit ihrer Katze den Körperkontakt ebenso, wie dass sie sich im Umgang mit dem Tier sicher fühlen. Sie brauchen nicht befürchten, dass die Katze sie zum Beispiel für ein vermeintliches Fehlverhalten bestraft oder kritisiert.

Katzenbesitzerinnen erwähnen, nach der Beziehung zu ihrem Tier befragt, immer wieder den Begriff Vertrautheit. Die Erfahrung des Sich-Kennens, die so weit geht, dass man das Gefühl hat, sich gegenseitig ins Herz schauen zu können, entsteht zwischen befreundeten Frauen genauso langsam und behutsam wie zwischen Frau und Katze. Die Beziehung zur Katze wächst genauso über Jahre.

Bei aller Eintracht und Seelenverwandtschaft ist die Katze dennoch dem Menschen – auch dem weiblichen – nicht wirklich gleich und bleibt ihm in vielen Punkten fremd. Gerade diese Andersartigkeit empfinden Frauen auch als anziehend. Die Autonomie einer Katze, ihre Unabhängigkeit und Selbständigkeit –

abgesehen von ihrer Abhängigkeit von liebevoller Fürsorge – übt auf viele Frauen eine große Faszination aus.

»Meine Katze und ich, wir sind so verschieden wie man sich nur vorstellen kann« erzählt Dörthe. »Ich wurde sehr streng erzogen und hatte eine klare Vorstellung von Gut und Böse. Was andere von mir erwarteten, erfüllte ich widerspruchslos. Minka dagegen tut generell nur das, was sie will. Sie fragt nicht danach, ob etwas erlaubt ist oder nicht. Durch mein Zusammenleben mit Minka habe ich begriffen, dass nicht alles im Leben schwarz und weiß ist. Es sind für andere Menschen vielleicht ganz profane einfache Angelegenheiten, die mich darauf brachten, die Dinge des Lebens zu hinterfragen und nicht nach Schema F abzuhandeln. Wenn Minka eine Maus fing und sie zu Tode spielte, war sie für mich grausam, bis ich irgendwann verstand, dass das ganz einfach zu ihrer Natur gehört. Außerdem ist Minka unglaublich tolerant, soweit man das von einer Katze sagen kann. Sie hat mir die Basis geboten, ich selbst zu sein. Dazu musste ich aber erst einmal zu mir selbst finden. Ich fühlte mich wie in einem Gedankenkäfig eingesperrt. Mit Minka konnte ich reden, wie ich nie mit einem Menschen zuvor gesprochen habe. Auch wenn andere das als lächerlich empfinden, sie hat mir den Therapeuten ersetzt, den ich ansonsten irgendwann gebraucht hätte. Schon als ganz kleine Katze gab sie mir ›Widerworte‹, wenn ich sie erziehen wollte. Sie fraß das Futter nicht, das ich ihr gab, wenn sie es nicht mochte, sah mich empört an und forderte etwas anderes. Ich lernte dadurch, dass man ungeniert das zum Ausdruck bringen kann, was man denkt und das tun kann, was man möchte, ohne dass man sofort bestraft wird.« Dörte hat sich oft gewünscht, wie ihre Katze zu sein. Sie begann im Kopf durchzuspielen, wie Minka sich in für sie unangenehmen Situationen verhalten hätte, wenn sie ein Mensch wäre. Was sie als Frau, die dazu erzogen worden war, ein bestimmtes angepasstes und prüdes Rollenbild zu erfüllen, außerdem faszinierte, war das animalische und instinktive Verhalten ihrer Katze. Nachdem sie über die Freundschaft zu ihrer Katze mehr Selbstbewusstsein erlangt hatte, fühlte sie sich in der Lage, offener auf andere Menschen zuzugehen und vertrauensvolle Beziehungen auch zu anderen Frauen aufzubauen.

Wem dies zu weit geht, der sollte bedenken, dass nicht jede Frau über eine Freundin verfügt und die Zuneigung erhält, die sie braucht, um sich auch über diese Beziehung weiterzuentwickeln. Wer keinen anderen Menschen hat, dem er sich öffnen kann, der wird in seiner Phantasiewelt sehnsüchtig nach einer Basis suchen, die ihm Glück, Geborgenheit und Liebe vermittelt. Die Katze kann für eine gewisse Zeit diese Bedürfnisse stillen. Und warum sollte sie nicht dazu beitragen dürfen, verborgene Fähigkeiten und Seiten in einem Menschen zu wecken. Und wie bereits gesagt: Was Frauen in ihrer Freundschaft zu ihrer Katze auch genießen, ist die Tatsache, dass sie für sie nicht schön oder »angehübscht« sein müssen.

So wie es Frauen gibt, die mehrere beste zweibeinige Freundinnen haben – eine zum Abzulästern, eine zum Ausheulen, eine zum Rumalbern usw. –, so gibt es Frauen, die mit mehreren Katzen ihr Leben teilen und jede als Freundin oder Freund empfinden.

Meine Katze Mimi hatte einen besonderen Stellenwert in meinem Leben: Sie war meine allerbeste Freundin. Mit dieser wunderschönen Norwegischen Waldkatze hat mich eine Seelenverwandtschaft verbunden, die kaum zu erklären ist. Mit Mimi konnte ich lachen und weinen, entspannt schmusen und ihr einfach alles erzählen. Sie hat mich nie enttäuscht und ich bin mir sicher, dass auch ich ihr immer eine gute Freundin war.

Auch mit meinem Kater Felix verband mich ein einzigartiges Einvernehmen. Er fauchte zum Beispiel grundsätzlich meinen Mann an, wenn dieser in einem Streit mit mir etwas lauter wurde.

Nachdem diese beiden Tiere inzwischen verstorben sind – und ich in nahezu kindlicher Naivität hoffe, sie in den ewigen Jagdgründen der Zwei- und Vierbeiner einmal wiederzusehen –, habe ich nun unter meinen drei Katzen und zwei Katern nicht mehr eine einzige beste Freundin, sondern mehrere gefunden. Unter Umständen hat diese Entwicklung nicht nur etwas mit dem Tod meiner Katzen zu tun und dem Positionswechsel und der Rangfolge im Katzenbestand, sondern auch damit, dass ich keine von meinen zweibeinigen Freundinnen einzig und allein als »die beste« bezeichnen könnte. Es gibt nun verschiedene Frauen in meinem Leben, die mir wichtig sind und gut tun, und von jeder könnte ich situationsabhängig sagen, dass sie meine beste Freundin ist.

Manchmal scheinen meine Miezen mit mir ein wenig überfordert zu sein, und so wechseln sie sich in meiner »Betreuung« ab.

Während ich früher glaubte, ich müsse alle Mitglieder meiner Katzenfamilie grundsätzlich gleich behandeln, weiß ich heute, dass ich mich ihnen ihren Bedürfnissen nach mehr oder weniger intensiv zuwenden muss. So scheinen sie das auch mit mir zu händeln. An manchen Tagen kann ich mich vor Zuneigung kaum retten, und an anderen Tagen »kümmert« sich nur eine Mieze um mich. Obwohl ich meine beiden Kater innig liebe und keinen von beiden missen möchte, ist das Verhältnis zu den Weibchen doch auf eine gewisse Art und Weise partnerschaftlicher.

Bei aller Partnerschaft bin ich jedoch durchaus dafür, Katzen vernünftig zu erziehen. Ich bin in unserem Familienverband die Oberkatze, die das Sagen hat. Wahrscheinlich kommt meine Verbundenheit mit meinen weiblichen Tieren unter anderem dadurch zustande, dass ich als Hebamme bei ihren Geburten tätig werde. Kurz gesagt, meine Katzen brauchen mich, und ich brauche sie, so einfach ist das.

Folgende Hommage einer Katzenfreundin an ihr Tier, erschienen vor vielen Jahren in *The Illustrated Natural History Mammalia*, bringt die besondere Beziehung zwischen Frau und Katze besonders schön auf den Punkt: »Vor gar nicht langer Zeit starb eine der vornehmsten und besten Katzen, die jemals eine Maus gefangen hat. ›Pret‹ nannte man sie, als Abkürzung für Prettina (›Hübschchen‹), und sie trug diesen Namen mit vollem Recht, denn ihr Pelz war sehr fein gefärbt und seidig. Es war die gescheiteste, lebhafteste und liebenswürdigste Katze, die mir je begegnet ist. Als sie noch sehr jung war, lag ich am Nervenfieber krank. Sie vermisste mich sofort, suchte mich und setzte sich so lange an die Tür des Krankenzimmers, bis sie die Gelegenheit fand hereinzuschlüpfen. Hier tat sie nun ihr Bestes, mich nach ihren Kräften zu unterhalten und zu erheitern. Da sie jedoch merkte, dass ich zu krank war, um mit ihr spielen zu können, setzte sie sich an meine Seite und schwang sich förmlich zu meiner Krankenwärterin auf. Auf alles, was mit mir geschah, gab sie genau Acht, und sobald ich mich nach ihr umsah, erschien sie augenblicklich mit freundlichem Schnurren bei mir. Niemand hätte größere Wachsamkeit oder zärtlichere Sorgfalt für mich bekunden können. Sehr bald wusste sie Bescheid über die verschiedenen Stunden, um welche ich Arznei oder Nahrung nehmen musste. Wenn meine Pflegerin nachts zuweilen in Schlaf verfiel, weckte die achtsame Katze sie regelmäßig zur bestimmten Zeit dadurch auf, dass sie ihr ganz sanft in die Nase biss. Geradezu wunderbar erschien mir die Tatsache, dass sich das Tier, trotzdem sich in meinem Zimmer keine schlagende Uhr befand, bei Tag wie bei Nacht kaum um fünf Minuten in seiner Berechnung irrte. Ich glaube nicht, dass irgendein anderes Tier der Welt soviel Liebe benötigt oder Freundschaft ebenso erwidern kann.«

Und noch eine weitere Geschichte, überliefert durch Pola Weiss, möchte ich Ihnen nicht vorenthalten: »Madame X [...] eine berühmte Dame, hatte viele Freunde, so dass für einen Hund oder eine Katze kein Platz war; wenn sie sich jedoch an Wintertagen in ihre Zimmer einschloss, um zu malen, fand sich eine Straßenkatze ein, ein plebejischer Kater ohne Herd noch

Heim; er kauerte sich immer neben den Kamin. Die Dame wollte ihn immer davonjagen, aber er schaute sie mit seinen großen grünen Augen so gescheit an, dass sie ihm Gastfreundschaft gewährte. Sie wurde krank, nun besuchte sie der Kater, der sich bis dahin nie in das Schlafzimmer gewagt hatte, jeden Tag. Die ersten Male strich er nur kurz hindurch, allmählich dehnte er seine Besuche bis zu einer Stunde aus, am Ende wollte er nicht mehr von der Stelle weichen. Die letzte Nacht verbrachte er ganz unter dem Bett der Sterbenden. Als sie ihren letzten Atemzug tat, flüchtete er klagewinselnd. Und am nächsten Morgen sah man, wie er sich am gabeligen Ast eines Kastanienbaumes erhängte.«

In einer anderen Geschichte rächt die Katze gar den Mord an ihrer Besitzerin: »Eine reiche Frau, die mit einer Katze zusammen wohnte, starb plötzlich und unerwartet. Der überraschende Tod der Frau warf viele Fragen auf und so wurde nach der Todesursache geforscht. Polizisten, Richter und ein Arzt fanden sich daher im Hause der Verstorbenen ein, um Untersuchungen einzuleiten. Auch die Verwandten mussten anwesend sein. Unvermittelt richtete sich eine riesige Katze im Zimmer oben auf dem Schrank auf, sprang über das Untersuchungskomitee hinweg einem Mann mitten ins Gesicht und zerkratzte ihn wütend. Dem Mediziner ging ein Licht auf und so rief er: ›Haltet den Mann fest! Er ist der Mörder!‹ Der Fliehende wurde aufgehalten und gestand alsbald sein Verbrechen.«

Von Müttern und Katzen

Leider gibt es immer wieder Fälle, in denen Frauen sich von ihren Katzen trennen, wenn sie schwanger werden. Nicht immer sind es rein egoistische Motive, aus denen heraus sich Frauen nach dem Motto »Der Mohr hat seine Schuldigkeit getan; der Mohr kann gehen« von ihrer Katze trennen. Oft hegen sie große Ängste um ihre Gesundheit und um die ihres Kindes. Zahlreiche Ammenmärchen verunsichern werdende Mütter. Es gibt, so bestätigten mir entsprechende Institute und Behörden auf meine Anfrage, keine registrierten Fälle, in denen Säuglinge zu Tode kamen, weil sie ein Katzenhaar verschluckt hätten oder weil eine Katze sich auf sie gelegt und sie erstickt hätte (s. Literatur: Unsere Katze bekommt Junge).

Leider tragen auch Frauenärzte nicht immer dazu bei, die Furcht der Frauen vor einer fruchtschädigenden Toxoplasmose-Erkrankung auf ein Maß vernünftiger Vorsicht zu lenken. Hat eine Schwangere durch eine vorherige Toxoplasmose-Infektion – zum Beispiel durch den Verzehr von rohem Fleisch – nachweisbar Antikörper gegen diese Erkrankung gebildet, so ist eine Infektion über den Kontakt mit der Katze und auch ansonsten grundsätzlich auszuschließen.

Bei negativem Ergebnis bei der Frau ist es ratsam, die Katze testen zu lassen. Normale Hygienemaßnahmen wie Händewaschen vor der Nahrungsaufnahme können eine Ansteckung verhindern. Da Toxoplasmose-Gondi-Oozysten über den Kot ausgeschieden werden, sollte während der Schwangerschaft der werdende Vater oder eine andere Person die Toilette reinigen. Sinnvoll ist das Testen der Katze schon vor Beginn der Schwangerschaft, damit eine infizierte Katze entsprechend behandelt werden kann. Toxoplasmose-Infektionen verlaufen bei der Katze und beim Menschen fast immer unauffällig. Eine Erkrankung wird daher kaum bemerkt. Es ist ratsam, die Katze nicht mit rohem Fleisch zu füttern, weil hierüber eine Übertragung mit Oozysten stattfinden kann.

Im Übrigen ist eine werdende Mutter auch bei der Gartenarbeit durch mit Oozysten verschmutzte Erde in Gefahr. Katzen, denen der Freigang gewährt wird, können sich eher als reine Wohnungskatzen infizieren. Um Übertragungen durch Außenkontakte zu vermeiden, ist es sinnvoll, die Schuhe vor der Haustür auszuziehen und sie an einem Ort abzustellen, zu dem die Katze keinen Zugang hat.

Frauen, die sich von Ammenmärchen und unbegründeten Ängsten freimachen, werden in der Schwangerschaft das Beisammensein mit ihrer Katze besonders genießen. Was gibt es Schöneres, als mit der schnurrenden Mieze auf dem Bauch oder – wenn der schon zu dick ist – neben sich gemütlich auf dem Sofa zu liegen. Das ist, so bestätigen die meisten Mütter mit Katzen, Entspannung pur. Das Schnurren der Katze überträgt sich auch positiv auf das Ungeborene, das ab einem gewissen Entwicklungsstand Geräusche wahrzunehmen imstande ist. Während meiner Schwangerschaft waren meine Katzen besonders liebevoll zu mir. Immer wieder lag die eine oder andere Katze auf meinem Bauch und schnurrte gemütlich vor sich hin.

Befreundete Katzenweibchen lassen sich während der Trächtigkeit untereinander besondere Fürsorge zukommen. Die tragende Katze genießt den Respekt und die Zärtlichkeiten sichtbar, die sie von ihren vierbeinigen Familienmitgliedern erhält. Man kann also davon ausgehen, dass die Tiere wissen, irgendwann ist Nachwuchs zu erwarten, auch wenn sie keinen Zusammenhang zwischen Verpaarung, Trächtigkeit und Geburt herstellen.

Es liegt für mich durch meine eigenen Erfahrungen während meiner Schwangerschaft und die Beobachtung meiner Katzen während der Trächtigkeit auf der Hand, dass eine Katze nicht nur darüber Bescheid weiß, dass ihre vierbeinige Freundin Nachwuchs erwartet. Sie spürt auch, wenn die zweibeinige »Oberkatze« schwanger ist.

Einige Tage nach seiner Geburt fing mein Sohn kurz vor dem Einschlafen an, dem Katzenschnurren ähnliche Geräusche von sich zu geben. Meine Schwiegermutter war der Ansicht, das Kind habe Polypen. Als noch unerfahrene Mutter war ich besorgt und ging mit meinem Sohn sofort zum Kinderarzt. Dieser konnte jedoch trotz ausgiebiger Untersuchung keine Erkrankung feststellen und folgerte, dass der Junge, als er noch als Fötus in meiner Bauchwohnung weilte, das Schnurren der Katzen wahrgenommen und mit angenehmer Entspannung verknüpft hatte. Der Arzt war der Ansicht, dass das Kind das Geräusch angenommen habe und zur Beruhigung nun selbst entwickelte. Nach dem ersten Lebensjahr hörte das »Schnurren« meines Sohnes von selbst auf.

Oftmals ist es auch so, dass eine Frau schon Mutter ist und den Wunsch ihrer Kinder nach einer Katze erfüllen möchte. Dann ist es ratsam, ein Katze zu adoptieren, die schon an Kinder gewöhnt ist. Die meisten Mütter empfinden den Einzug einer Katze als freudebringend und betrachten das Tier als Familienmitglied. So wie alle anderen Familienmitglieder auch, muss es sich in die Gemeinschaft einfügen und an Regeln halten.

Die Katze als Kindersatz

Auch von den Frauen, die keine Kinder bekommen wollen oder können, verspüren viele irgendwann den Wunsch, ein Lebewesen behüten und versorgen zu können. Und Mütter, deren Kinder schon erwachsen sind, sehnen sich bisweilen ebenso danach, wieder jemanden liebevoll betreuen zu können. Selbst wenn ein Partner da ist, genügt dieser oft nicht als Hege- und Pflegeobjekt. Für jemand anderen zu sorgen kann – jenseits aller Klischees und Rollenzuschreibungen von Mütterlichkeit – viel Freude bereiten.

Katzen lassen sich absolut gern verwöhnen. Sie haben den Vorteil, nicht so anstrengend zu sein wie manche Männer, die erwarten, dass die Frau ihnen die Pantoffeln bereitstellt und auf Wunsch vom Sofa aufspringt, um ihnen eine Flasche Bier aus dem Kühlschrank zu holen, weil sie die Sportschau sehen müssen und nach des Tages Mühen zu keiner Bewegung mehr fähig sind. Sie glauben, diese Männer sind ausgestorben? Leider, leider nicht.

Die Katze hat sich eine gewisse »Kindlichkeit« bewahrt. Sie wird nie so ganz erwachsen, bleibt bis ins hohe Alter verspielt und ist auf unsere Fürsorge angewiesen. Was Autos, Computerspiele, Fußball und so nette Dinge wie Spielzeug-Eisenbahnen angeht, könnte man dies von den Männern sogar auch behaupten.

Diese Frauen kochen für ihre vierbeinigen Kinder und bereiten ihnen ausgeklügelt-ausgewogene Mahlzeiten zu. Kaum eine Katze verfügt über so viel unterschiedliches Spielzeug wie die ihren. Ich kenne eine ältere Dame, die mittlerweile Großmutter ist und daheim mehr Spielzeug für ihre Mieze hat als für ihre Enkel. Sie hat im Wohnzimmer eine richtige Spielecke eingerichtet und hat ihrem Kater beigebracht, am Abend mit ihr zusammen die in der ganzen Wohnung verteilten Utensilien wie Fellmäuse, Bälle, Angeln usw. wieder an den richtigen Platz zu legen. Gerade Frauen, die ihre Mütterlichkeit im Umgang mit einer Katze ausleben, besitzen in der Regel äußerst gepflegte Miezen. Hauskatzen und kurzhaarige Rassekatzen werden mit allerlei Bürsten gestriegelt, bis das Fell glänzt. Langhaarige Katzen werden sogar gebadet, geföhnt und gepudert.

An dieser Stelle sei noch einmal betont: Die Katze kann zwar das Bedürfnis stillen, ein anderes Lebewesen zu versorgen und zu betreuen, sie darf dennoch nicht wirklich zum Ersatzkind werden. Sie könnte die an sie gestellten Erwartungen nicht erfüllen.

Die Forschungsergebnisse des Verhaltensforschers Dennis C. Turner besagen, dass Frauen, die mit einem Partner, aber ohne

Kinder leben, sich mehr mit ihren Katzen beschäftigen, als es Mütter tun. »Wer könnte jedoch bezweifeln«, so fragt er allerdings, »dass Mütter manchmal von anderen täglichen Pflichten gestresst sein könnten?« Meines Erachtens kann sich das Zusammenleben mit einer Katze insbesondere auf gestresste Mütter wohltuend und entspannend auswirken.

Therapeutin auf vier Beinen

Eine Katze kann einer Frau als »Co-Therapeutin« helfen, körperliche Nähe wieder als angenehm zu empfinden, wenn diese Frau aufgrund bestimmter Erfahrungen eine Angst vor Berührung entwickelt hat. Die Zuneigung des Tiers kann frei von Angst und Anspannung erlebt werden. Die folgende Fallgeschichte sollte nicht als Beispiel »Allheilrezept« für Frauen mit Gewalterfahrungen gesehen werden. Doch sie ist beeindruckend und zeigt, was durch den Kontakt mit einer Katze möglich ist.

Tanja hatte durch eine Vergewaltigung eine tiefe Abneigung gegen Berührungen jeglicher Art, insbesondere von Männern, entwickelt. Hinter ihr lagen ein langer Leidensweg, etliche gescheiterte Beziehungen und zahlreiche Therapieversuche durch Psychologen. »Nachdem ich alle möglichen Behandlungen über mich hatte ergehen lassen, hatte ich keine Hoffnung mehr, jemals ein angstfreies, normales Leben führen zu können. In dieser Situation überredete mich meine Freundin zu einem letzten Versuch: einem Gespräch mit einer alten Bachblüten-Expertin.

Da zahlreiche Gespräche, Einzel- und Gruppentherapie nur wenig Erfolg gebracht hatten, konnte ich mir schon gar nicht vorstellen, dass ein paar Bachblüten-Tropfen meinem Leben eine Wendung geben würden.

Die alte Dame, Heidi Kling, hörte sich in ihrem Wohnzimmer auf dem Sofa sitzend meine Geschichte an und sagte nur wenig zu meinem Problem. Nach einer Weile führte sie mich in ihr Schlafzimmer und bat mich, in eine Kiste zu schauen. Aus großen Augen sah mich eine wunderschöne blau getigerte Katze an. Fünf Junge tummelten sich um sie herum. Sie meinte, ich solle mich ein wenig auf ihr Bett setzen und die Tiere beobachten, sie würde derweil einen Tee kochen gehen. Danach würden wir weiter reden.

Katze Lisa sprang kurze Zeit darauf aufs Bett und setzte sich schnurrend auf meinen Schoß. So vertrauensvoll, wie sie sich mir hingab, konnte ich sie nicht fortstoßen, und nach einer Weile begann ich, ohne dass mir dies richtig bewusst wurde, sie zu streicheln. Zum ersten Mal nach langer Zeit konnte ich Zärtlichkeit wieder genießen. Diese Wärme, die von diesem weichen Katzenkörper ausging, bewegte etwas in mir. Es war so ähnlich, als würde eine Schranke fallen.

Die alte Frau Kling kam mit dem Tee ins Schlafzimmer, unterhielt sich noch ein wenig mit mir und bot mir an, sie wieder zu besuchen, wenn mir danach der Sinn stand. Nach einigen Treffen schenkte sie mir ein Kätzchen. Was kein Sensibilitätstraining bewirkt hatte, schaffte die Katze. Ich fühlte endlich wieder, dass

Nähe etwas Wunderschönes ist und konnte nach und nach meine Probleme bewältigen.«

Selbstverständlich löst das Zusammensein mit einem Stubentiger nicht alle Folgen seelischer und/oder körperlicher Gewalterfahrungen. Möglicherweise kann sie aber dazu beitragen, den Knoten ein wenig zu lösen, und den Weg ebnen, den Zugang zum eigenen Selbst wieder zu finden.

Petra empfindet die Berührung ihrer Katze als Alternative zur Nähe eines Partners, weil sie mit ihrem Partner meist an Sexualität gekoppelt ist: »Wenn ich einfach nur ein wenig kuscheln will und mit meinem Freund schmuse, führt dies fast immer dazu, dass er mit mir schlafen möchte. Das empfinde ich zwar auf der einen Seite als Kompliment, andererseits ist mir das manchmal lästig. Mit meiner Katze kann ich schmusen, ohne dass sich daraus ein weiterer Anspruch ergibt. Ich brauche, wie viele andere Frauen auch, neben einer gut gelebten Sexualität ebenso nichtsexuelle Zärtlichkeit.«

Zärtlichkeit zu geben und zu nehmen, ohne dass dies als Vorspiel zum Sexuellen verstanden wird, ist für viele Frauen wichtig. In diesem Zusammenhang wird die sinnliche Erfahrung im Körperkontakt mit der Katze von nicht wenigen Frauen als angst- und vor allem spannungsfrei, eben als entspannend bezeichnet.

Auch im prüden viktorianischen England schätzten viele Frauen Katzen besonders, denn sie dienten oft als eine Art Zärtlichkeitsventil. Der sexuelle Kontakt innerhalb der Ehe beschränkte sich meist auf den reinen Geschlechtsakt zwecks Fortpflanzung. Zärtlichkeiten unter Eheleuten waren weitestgehend tabu. So meint der britische Arzt R.D. Ryder : »In der Mensch-Tier-Beziehung fehlen die hohen Tabuschranken, und jeder darf sein Tier nach Herzenslust streicheln, striegeln und knuddeln.« Noch heute gelten die Briten und andere Westeuropäer im Gegensatz zu den Bewohnern südlicher Länder als eher berührungsfeindlich. Doch dazu später mehr.

Gefährtin fürs Älterwerden

Für ältere Frauen ist die Katze aus vielen Gründen eine optimale Partnerin. Viele leben allein und sind nicht in eine Partnerschaft, Familie oder eine andere familienähnliche Gemeinschaft eingebunden. Daher empfinden sie oft ein Gefühl von Leere.

Manche Frauen glauben im Alter auch, es gäbe keine Aufgabe mehr für sie, und sie leiden unter dem Gefühl, nicht mehr gebraucht zu werden. Sie fühlen sich nutzlos, und daraus können sich Minderwertigkeitsgefühle und Depressionen entwickeln. Auch wenn sich moderne ältere Frauen gern in allen möglichen Organisationen tummeln und sich durchaus für ihre Interessen zu engagieren wissen, können sie unter dem Älterwerden leiden.

Bei diesem Prozess kann die Katze Frauen durchaus als Vorbild dienen. Sie altert mit Würde, lässt ihren Tag langsam und geruhsam angehen, trainiert dennoch ihre Beweglichkeit, wirkt noch als alte Dame in ihren Bewegungsabläufen graziös und elegant und ist, selbst wenn sie sich nicht mehr so gut bewegen kann, hin und wieder einem Spielchen nicht abgeneigt. Genauso wie wir Menschen schätzt sie Regelmäßigkeiten, hasst aber Langeweile. Sie scheint mit den Jahren weise und wissend zu werden und nimmt selbstbewusst für sich in Anspruch, im Alter zickig sein zu dürfen.

Einen ganz besonderen Vorteil hat die Natur der Katze zudem geschenkt: Man sieht ihr ihr Alter kaum an. Sie wird weder grau noch weiß im Pelz, noch zeigt sie Falten. Und wenn sie welche hätte, würden die sie auch nicht stören.

Katzen sind für einsame und insbesondere für bewegungseingeschränkte ältere Frauen, die mehr Zeit zu Hause als anderswo verbringen, optimale Heimtiere, weil sie anders als Hunde nicht ausgeführt werden müssen. Vor allem wenn der Alltag nur noch gleichförmig verläuft und kaum noch Abwechslung die Konformität durchbricht, bietet das Zusammenleben mit der Katze Zerstreuung und Kurzweil. Eine junge Katze sorgt durch den Unsinn, den sie gern macht, für Unterhaltung. Mit einer älteren Katze, die seit Jahren bei der Frau lebt, verbinden sich dafür zahlreiche Erinnerungen.

Erika war 65 Jahre alt, als ihr Mann starb. Ihre Tochter Hanna telefonierte zwar regelmäßig mit ihr, konnte sich aber ansonsten nicht viel um sie kümmern, weil sie weit entfernt lebte. Als sie ihre Mutter ein Jahr nach dem Tod des Vaters besuchte, war sie entsetzt.

Das zuvor so hübsche Reihenhaus ähnelte einer Müllkippe, der Garten war von Unkraut übersät, und ihre Mutter war auch nicht mehr wieder zu erkennen. Alles Leben schien aus ihr gewichen zu sein, sie interessierte sich für nichts. Ihr Haar und ihre Kleidung machten einen ungepflegten Eindruck. Hanna war erschrocken, als sie erfuhr, dass ihre Mutter mit der Begründung, sie hätte sowieso nichts zu erzählen, kaum noch Kontakte zu anderen Menschen pflegte. Nach einigen Gesprächen wurde deutlich, dass Erika sich nicht mehr gebraucht fühlte und darunter litt, keine Aufgabe mehr zu haben.

Nach Rücksprache mit der Seelsorgerin der Kirchengemeinde kam Hanna auf die Idee, ihrer Mutter ein Haustier zu schenken. Erika war zeit ihres Lebens eine große Tierfreundin gewesen und war mit vielen Tieren aufgewachsen. Überraschend schnell begeisterte sie sich für diese Idee und machte sich mit ihrer Tochter auf die Suche nach einer Siamkatze, die sie sich früher immer gewünscht hatte.

Myrte, so hieß die kleine Katze, gab Erikas Leben wieder einen Sinn. Sie musste regelmäßig morgens aufstehen, weil die Kleine sie in aller Frühe weckte und fressen und spielen wollte. Erika musste sauber machen und aufräumen, weil Myrte sonst alles neugierig untersucht hätte. Außerdem ging die frisch gebackene Katzenmutter nun täglich aus dem Haus, um einzukaufen. Abends war sie rechtschaffen müde, weil ihr Tier sie sehr gefordert hatte. Nach und nach nahm sie wieder Kontakt zu anderen Menschen auf. Schließlich hatte sie nun viel von den Kapriolen Myrtes zu berichten.

Myrte ersetzte auf ganz einfache Art einen zweibeinigen Therapeuten. Voraussetzung dafür, dass eine Katze einen Menschen aus seiner Isolation und Depression befreit, ist jedoch, dass das Tier gern angenommen wird. Nicht generell hilft das Zusammenleben mit einer Katze gegen Einsamkeit im Alter. In vielen Fällen, so haben Wissenschaftler festgestellt, ist jedoch eine wohltuende Wirkung zu erkennen. Oft nimmt dann eine Tochter kurzfristig das Leben ihrer Mutter in die Hand und lässt ihr klar werden, dass Langeweile krank macht.

Hin und wieder sind es jedoch gerade ihre erwachsenen Kinder, die etwas dagegen haben, dass eine ältere Frau sich eine Katze anschafft. Nach all meinen Erfahrungen kann ich einer Frau nur empfehlen, sich in dieser Frage nicht von ihrer Familie beeinflussen oder beeinträchtigen zu lassen. Schließlich ist sie als Mutter sicher jahrelang den Wünschen ihrer Kinder nachgekommen. Nun jedoch lebt sie ihr Leben und kann dies nach ihren Bedürfnissen gestalten. Sie sollte diese Freiheit des Alters mit ihrer Samtpfote in vollen Zügen genießen können.

Ältere Frauen, die ihren Alltag mit einer Katze teilen, bestätigen, so meint Silvia Greifenhagen, dass sie nicht nur in der Erinnerung leben, sondern sich auch an dem Gefühl erfreuen, eine Zukunft zu haben. »Ein Tier regt die Erinnerung an. Diese Einsicht ist durch viele Studien belegt. Alte Menschen beschäftigen sich viel mit der Vergangenheit: Für den alternden Menschen verschiebt sich die persönliche Bedeutung vor allem auf Ereignisse in der Vergangenheit, die daher in steigendem Ausmaß zum Gegenstand bewußter Beschäftigung werden ...

Unsere Erkenntnisse zeigen, dass die Erinnerung nicht direkt mit der Intelligenz oder dem Nachlassen der intellektuellen Leistung unserer Versuchspersonen zu tun hat, und lassen annehmen, dass sie positiv in Beziehung steht mit einer Depressionsfreiheit und persönlichem Überleben ... Das Tier holt die Vergangenheit wieder herauf, weil es starke Gefühle auslöst, die oft mit der Kindheit und glücklicheren Lebensphasen verknüpft sind.«

Als die 67-jährige Adolfine einen kleinen Kater aus meiner Zucht kaufte, erzählte sie mir nach kurzer Zeit, dass sie diese Erfahrung an das erste Kennenlernen mit ihrem Mann erinnerte. Sie sei damals ähnlich aufgeregt gewesen wie beim Kauf des Katers. Da sie sich nun für einen neuen Lebenspartner, diesmal einen auf vier Pfoten, entschieden hätte, seien ihre Gefühle doch nur zu verständlich, meinte sie.

Nicht wenige ältere Frauen sehnen sich nach Körperkontakten. Dieses Bedürfnis zu stillen ist nicht immer einfach, weil sich etliche von ihnen nicht mehr auf eine Beziehung mit einem Mann einlassen möchten oder keinen neuen Partner finden.

Die Katze jedoch bietet Wärme, Nähe und Zärtlichkeit, die ohne Bedenken angenommen werden können, so Silvia Greifenhagen: »Frauen, die erste Anzeichen von Altersverwirrtheit erkennen lassen oder schon verwirrt sind, nehmen sich in ihrem Wunsch nach Zärtlichkeit oft eine Puppe oder ein Stofftier und spielen wie kleine Mädchen. Ein Tier ersetzt die fehlende menschliche Nähe.«

Landfrau und Stallkatze

Für Frauen in der Landwirtschaft gehören Katzen nach wie vor zum Alltag auf dem Hof. Wie eh und je halten diese die Kornvorräte und die Stallungen frei von Mäusen, Ratten anderen krankheitsübertragenden Nagern. Für Bäuerinnen, die auf dem Hof arbeiten, hat die Beziehung zur Katze meist eine andere Qualität als für Städterinnen. Ihre vielen Aufgaben lassen ihnen in der Regel kaum Zeit, sich um eine Katze als Haustier zu kümmern. Somit hat dieses Tier für aktive Bäuerinnen vor allem Nutztiercharakter. Die Kinder auf den Höfen haben oft mehr Zeit, sich den Katzen zuzuwenden.

Ihre wahre Liebe zu den Samtpfoten können Landwirtinnen häufig erst entdecken, wenn sie in den Ruhestand gehen und die Muße haben, sich mit einem Tier zu beschäftigen. Ältere Landfrauen stellen oft überrascht fest, wie schön es ist, mit einer Katze befreundet zu sein. So berichtet Rita, die auf einem Bauernhof groß geworden ist: »Katzen, auch Katzenbabys gab es bei uns immer. Als Kind haben mich meine Freundinnen darum beneidet, dass ich immer mit so vielen Tieren spielen konnte. Als ich auf den Hof meines Mannes einheiratete und meine drei Kinder bekam, war überhaupt nicht daran zu denken, sich mit den Katzen zu beschäftigen. Ich hatte viel zu viel mit den anderen Tieren, den Kindern und der Arbeit im Allgemeinen zu tun, als dass ich mir den Luxus hätte erlauben können, es mir mit einer Katze auf dem Sofa gemütlich zu machen. Als wir den Hof unseren Kindern übergeben hatten, starb kurze Zeit später mein

Mann, und ich fühlte mich manchmal einsam, obwohl die Kinder sich um mich bemühten, so gut es ihnen nur möglich war. Plötzlich verfügte ich über sehr viel Freizeit und entdeckte auf einmal mein Herz für ein jammervoll ausschauendes kleines, mageres, rotes Kätzchen, das von den anderen immer von der Milchschale vertrieben wurde. Dieses Kätzchen ist heute ein stattlicher großer Kater, hört auf den Namen Tommy und ist mein Ein und Alles. Er darf sogar bei mir im Bett schlafen. Hätte mir zuvor jemand erzählt, dass ich jemals so eine innige Beziehung zu einer Katze aufbauen würde, ich hätte nur den Kopf geschüttelt. Sogar Katzenbücher habe ich mir gekauft, um mehr über diese Tiere zu erfahren. Vor zwei Jahren haben mir dann meine Kinder zum Geburtstag eine Birmakatze geschenkt, weil ich von dieser Rasse geschwärmt hatte. Landwirten erscheint es immer noch sehr ungewöhnlich, Geld für eine Katze auszugeben. Meine Birmakatze Luise liebe ich genauso wie Tommy, und sie war auch jede Mark wert.«

Ähnlich wie für die Bäuerin gehörte die Katze für die Müllerin notwendig zum Alltag. Aus der Ukraine stammt der Volksspruch »Wenn du den Umschwung des Wetters nicht gleich der Katze vorfühlst, wirst du nie ein guter Müller«. Wenn man Katzen genau beobachtet, lassen sich über ihrem Verhalten Wetterprognosen ableiten. Dies und ihre Aufgabe, die Vorräte von Nagern freizuhalten, stellten einen hohen Nutzwert für die Müller dar. Da Müller als besonders freiheitsliebend galten, wurden sie vom Volksmund auch als »Katzenmenschen« bezeichnet. Die »Katzenberufe« wurden mit einem lockeren Lebenswandel, zum

Teil auch als Freiheitsliebe zu deuten, in Verbindung gebracht. Sie wurden nicht zuletzt von »dem Volk, das sich um die Mühlen herumtrieb« ausgeübt. Die Mahlstätten standen in früherer Zeit außerhalb des Dorfes, und dort versammelten sich gern Menschen, die zu den Randgruppen der Bevölkerung gehörten. »Vielerorts war die Mühle Freudenhaus und Schaubude zugleich«, so Urs Hostettler. »Da trafen sich die freien Mädchen, dubiose Gaukler und Spielleute. Hier herrschte ein nächtliches Treiben, das das Volk ewiges Katzentheater nennt.« Die Bauern, die zum Mahlen ihres Korns zur Mühle kamen, genossen dort auch Unterhaltung: Man hörte Geschichten, tanzte und spielte Musik.

Ein Lied aus dieser Zeit heißt »Müllerin und Domherr«. Darin trickst eine schöne, stolze Müllerin einen Domherrn aus, der ihr zu nahe kommen will, indem sie ihm eine Eselin ins Bett legt. Der Text beginnt mit den Worten: »Ich weiß eine stolze Müllerin, die war schlau wie ihre Katze.« Schon vor Jahrhunderten war also klar: Frau und Katze verbindet so manches.

Die Traumkatze finden

Das Leben und dazu ein Katze, das ergibt eine unglaubliche Summe, ich schwör's euch!

Rainer Maria Rilke

Die Traumkatze finden Frauen letztlich viel leichter als den optimalen zweibeinigen Lebenspartner. Außerdem hält eine Samtpfote oft eher, was sie verspricht. Vielleicht liegt das auch daran, dass Frauen, was die Auswahl ihrer vierbeinigen Lebenspartner angeht, in der Regel äußerst anspruchsvoll und kritisch sind.

Vor dem Kauf einer Rassekatze werden wochenlang Katzenbücher gewälzt und Ausstellungen besucht, bis der Züchter oder die Züchterin gefunden wurde, der bzw. die »ihre« Katze anbietet. Der Preis spielt dann selten eine Rolle – vorausgesetzt, das nötige Kleingeld ist vorhanden.

Als Züchterin stelle ich beim Verkauf meiner Norwegischen Waldkatzenjungen immer wieder fest, dass bei Paaren meist die Frauen die Entscheidung für oder gegen ein bestimmtes Tier trafen. Da fällen clevere Frauen mit Herz und Verstand ihr Urteil. Zudem ist ihnen wichtig, dass die Chemie zur Züchterin stimmt. Sie legen meist Wert auf eine Beratung, auch nach der Übernahme des Tieres.

Die Herren der Schöpfung dürfen hin und wieder gar nicht wissen, wie viel die kleine Mieze gekostet hat. Frauen sind diesbezüglich äußerst geschickt und lassen sich zahlreiche Tricks einfallen, die ich an dieser Stelle nicht verraten möchte.

Frauen mit einem Herz für alle Entrechteten kaufen sich nicht unbedingt eine Katze beim Züchter, sondern suchen im Tierheim oder beim Katzenschutzbund nach einer Samtpfote. Die Katze darf dann häufig auch älter sein. Eine Frau, die selbst schon einiges im Leben erlebt hat, fühlt sich oft einer Katze mit Vorgeschichte besonders verbunden. Äußere Kriterien sind dann für die Auswahl weniger wichtig als ein Blick in die sprechenden Katzenaugen.

Als Entscheidungshilfe sind Frauen Gespräche mit Freundinnen oft sehr wichtig. Die Telefonkosten steigen ins Unermessliche, wenn jedes kleinste Für und Wider abgewägt wird. Eine Frau kann sich anscheinend in eine Katze verlieben, ohne mit einer rosa Brille auf Wolke sieben zu sitzen.

Trotzdem kommt es hin und wieder vor, dass Frauen bei der Adoption einer Katze nur aus dem Bauch heraus handeln. Rein emotionale Entscheidungen sind aber nicht immer richtig und sollten, wenn es um ein Lebewesen geht, möglichst vermieden werden. Dennoch berichten zahlreiche katzenbegeisterte Frauen davon, dass sich aus einer zunächst schwierigen Mensch-Tier-Beziehung mit der Zeit eine gute Freundschaft entwickelt hat. In diesen Fällen setzten die Frauen ihre Sensibilität und viel Geduld ein – beides scheint Frauen ja besonders zu Eigen zu sein –, um auch zu einem schwierigen Tier Zugang zu finden.

Das erste Date mit der Traumkatze ist fast immer ein Blind Date und mit viel Aufregung verbunden. Beim Katzenkauf ist es meist so, dass die Frau am Wochenende den Anzeigenteil der Tageszeitung durchforstet und sich einige Telefonnummern von Menschen notiert, die auf diesem Weg für ihre Katzen werben. Die besonders Sorgfältige kauft sich eine Katzen-Fachzeitschrift, um sich darin einen Überblick über die Angebote mit einem Mehr an Information zu verschaffen.

Nach einigen Telefonaten macht sie sich dann – die Freundin, Mann und/oder Kinder im Schlepptau – mit Herzklopfen auf den Weg. Das Ganze spielt sich nicht viel anders ab, als wenn eine allein stehende Frau über ein Inserat ihren Prinzen sucht und mit ihm ein erstes Treffen vereinbart hat. Beim »Treffen« mit ihrer Katze hat eine Frau jedoch meist wesentlich mehr Spaß. Schließlich läuft sie nicht Gefahr, sich bei deren Anblick vor Schreck schnell verstecken oder das vereinbarte Erkennungszeichen verschwinden lassen zu müssen, um von ihr unentdeckt zu bleiben.

Das Rendezvous mit einer Samtpfote hat noch andere Vorteile gegenüber dem mit einem männlichen Zweibeiner: Kein Beinerasieren, kein Styling beim Friseur, kein Solariumsbesuch. Der Katze ist es nämlich vollkommen egal, wie ihre neue Besitzerin aussieht, Hauptsache sie ist nett und liebevoll und riecht nicht zu intensiv nach Parfüm.

Katerfreuden

Die Beziehung zu einem Kater gestaltet sich meist etwas anders als zu einer Katze. Sie ist nicht so sehr von Unabhängigkeit, sondern mehr von Anhänglichkeit bestimmt.

In der freien Natur haben Kater weniger schwierige Aufgaben zu bewältigen als Katzen, denn ihnen obliegt nicht die Sorge um den Nachwuchs. In Zuchten lässt sich allerdings beobachten, dass selbst ein potenter Kater seine Jungen umsorgen kann und durchaus in der Lage ist, mit ihnen sanft zu spielen und sie zärtlich zu putzen.

Frauen berichten immer wieder davon, wie sensibel ihr Kater auf ihre Stimmungen eingeht. Die Seelenverwandtschaft mit einem männlichen Tier kann die gleiche Qualität haben wie mit einer Katze, sie drückt sich im täglichen Leben aber meist anders aus. Geht die Katze auf leisen Sohlen, ist der Kater eher stürmisch. Er fordert die Liebe, die ihm gebührt, vehement ein und lässt sich auch nicht vertreiben, wenn seine Besitzerin einmal keine Lust auf ein Schmusestündchen hat. Er ist derjenige, der sich in dem Moment auf eine Zeitung legt, in dem man sie lesen wollte, er nagt an dem Buch, das man in der Hand hält. Er liebt es meist auch, seine Oberkatze durchs Haus zu begleiten, wenn sie Verschiedenes zu erledigen hat, und dies mehr oder weniger laut zu kommentieren. Von einigen Ausnahmen abgesehen sind diese vierbeinigen Männer oft gesprächsbereiter und auch bessere Zuhörer als die meisten auf zwei Beinen. Doch in einem sind sie ihnen sehr ähnlich: Kater sind wie Kinder in der Pubertät, die schon fast erwachsen, aber noch sehr auf die Eltern angewiesen sind.

Kleine Typenlehre der Katzenfrau

Frauen erziehen ihre Katze meist nach dem gleichen Muster, wie sie mit ihrem Umfeld umgehen oder Kinder erziehen (würden). Auch wenn sich dabei sicher nicht alle Katzenbesitzerinnen über einen Kamm scheren lassen, kann man doch verschiedene »Typen« ausmachen, die ich mit einem Augenzwinkern in die folgenden Schubladen einsortiere.

Die Laisser-faire-Frau

Bei einer Laisser-faire-Frau darf die Katze es sich auch mal auf dem Tisch gemütlich machen oder an der Tapete kratzen. Sie empfindet dies nicht als so tragisch und ist der Ansicht, dieses Verhalten werde sich schon geben, wenn sie ihrer Katze erklärt, dass sie es nicht so toll findet, aber durchaus dafür Verständnis hat, dass Katzen sich «naturgemäß« so verhalten müssen.

Wenn es möglich ist, gewährt die Laisser-faire-Frau ihrer Katze den Freigang in die Natur. Jede nach Hause gebrachte Maus wird von der ganzen Familie bzw. dem erweiterten Freundeskreis bewundert. Wird die Katze von Kindern oder auch Erwachsenen mal am Schwanz gezogen, wartet diese Katzenfrau geduldig darauf, dass die Katze sich wehrt. Bestimmte Erfahrungen im Leben selbst zu machen ist ja auch nicht zu verachten, meint sie.

Da dieser Frauentyp Abwechslungen und Überraschungen mehr mag als einen klar geordneten Tagesablauf, ist ihr eine lebhafte und eigensinnige Katze besonders lieb. Zudem bestätigt das Verhalten der Katze sie darin, dass zu viele Regeln und Einschränkungen der Entwicklung des kätzischen Selbstbewusstseins im Wege stehen.

Die Konsequente

Die konsequente Frau erzieht ihre Mieze nach den klaren Grundsätzen »Das ist erlaubt« und »Das ist verboten«. Mit der Wasserpistole bewaffnet, beobachtet sie die Katze und besprüht sie mit Wasser, sollte sie trotz des Signalwortes »Nein« weiterhin etwas Unerlaubtes tun. Folgt die Katze auf Anweisung, wird sie überschwänglich gelobt. Ist diese Frau Mutter, unterweist sie ihre Kinder ausführlich, wie man sich einem Mitlebewesen gegenüber verhält, wobei sie ihre Vorbildfunktion sehr ernst nimmt.

Ihre Erziehungsversuche sind sowohl bei Zwei- als auch bei Vierbeinern in der Regel von großem Erfolg gekrönt. Kinder werden nach einem ordentlichen Wochenplan in die Versorgung der Katze einbezogen. Schließlich hat ein Haustier auch den Nutzen, Kinder zur Verantwortung zu erziehen. Wie die konsequente Mutter gute pädagogische Literatur immer greifbar hat, stapeln sich bei der konsequenten Katzenfrau Katzenbücher für Anfänger und Fortgeschrittene.

Auch ihr dient das Zusammensein mit der Katze als Erholung vom manchmal doch anstrengenden, weil ja so konsequenten Alltag. Außerdem bietet ihr die Katze Trost, wenn einmal nicht alles nach Plan gelaufen ist.

Die Autoritäre

Die autoritäre Katzenbesitzerin ist, will sie ihrem Tier ein strenges Regiment nahe bringen, nicht unbedingt die ideale Katzenfrau, weil ihr für das Zusammenleben die nötige Toleranz und eine gewisse Portion Humor fehlen, mit denen sie auch über die kleinen tierischen Dummheiten lachen könnte.

Nicht selten lässt sie jedoch im Umgang mit der Katze ihre etwas starren Ansichten außen vor und gibt sich viel lockerer und entspannter, als sie ansonsten ist. Das kann auch daran liegen, dass ihr die Katze die Möglichkeit bietet, frei von Konventionen zu handeln. Die Katze richtet ihre Erwartungen an ihre Besitzerin nicht nach einem bestimmten Rollenbild, dem diese zu entsprechen hätte. Außerdem verschenkt die Katze Zärtlichkeiten, die frei von Anspruchsdenken sind.

Die Naturverbundene

Die naturverbundene Frau ist fast immer eine Katzenbesitzerin und lebt, wenn es ihr räumlich und finanziell möglich ist, meist mit mehreren verschiedenen Tieren zusammen. Da sich ihre Tierliebe schnell herumspricht, hütet sie auch die Katzen aus der Nachbarschaft, und nicht selten beschließt eine freilaufende Mieze, sie zu ihrem neuen Menschen zu erwählen.

Wenn sie Mutter ist, hat sie ihren Kindern beigebracht, Tiere als Mitlebewesen zu respektieren und zu achten. Daher bringen ihre Sprösslinge hin und wieder auch einen verletzten oder kranken vierbeinigen oder gefiederten Gast mit nach Hause.

Da dieser Frauentyp äußerst ausgeglichen ist und zudem über ein enormes Organisationstalent verfügt, wird sie von ihrer gesamten Umgebung bewundert. Trotz des Trubels auf ihrer Arche Noah hat sie für alle Menschen stets ein offenes Ohr und vermittelt herrenlose Katzen als Trostspender in ihren großen Freundes- und Bekanntenkreis.

Die Erfolgreiche

Die erfolgsorientierte Frau hat sich in der Regel für die Anschaffung einer Katze entschieden, weil ihr das Zusammensein mit dieser den nötigen Ausgleich für ihren ansonsten stressigen Alltag verschafft. Ihre Katze muss sich so allerlei über dumme Chefs, neidische Kollegen und andere Schattenseiten des Broterwerbs anhören.

Ist die erfolgreiche Katzenfrau Mutter, leidet sie ab und zu unter Schuldgefühlen ihren Kindern gegenüber. Also schenkt sie ihnen auf Wunsch eine Katze, das mindert das schlechte Gewissen und verschafft den Kindern noch ein anderes Objekt zum Beschmusen als die vom Arbeitstag gequälte Mutter. Gut situierte Erfolgsmamas können sich meist eine Tagesmutter leisten. Diese muss selbstverständlich eine Katzenfreundin sein.

Die wahre Katzomanin

Ob Katzenfrauen besonders sinnlich sind, ist zumindest unter Frauen umstritten. Fest steht jedoch, dass viele Katzenfreundinnen leidenschaftliche Sammlerinnen von allerlei Katzenhaftem sind. Von gezielt gekaufter Fachliteratur zum Thema Katzen einmal abgesehen, stöbern sie begeistert auf Wühltischen in Kaufhäusern nach allen möglichen Katzenbüchern und verstehen erstandene Schätze auch gegen Mitsammlerrinnen inbrünstig zu verteidigen. Ist die Frau in eine Beziehung eingebunden, so klagt der oftmals nicht oder kaum Bücher lesende Partner wehleidig: »O Gott, schon wieder ein Katzenbuch. Du hast doch schon so viele!«

Schlimmer wird es für den männlichen Mitbewohner oft noch, wenn die Katzenbesitzerin ihr Herz für das Sammeln von Katzenfiguren entdeckt. Ich kenne kaum eine Katzenfreundin, die nicht wenigstens ein paar Kunstmiezen zur Dekoration im Regel stehen hat. Es gibt dabei durchaus verschiedene Sammeltypen.

Die einen sammeln alles von hochwertiger Katzenkunst über wertvolles Porzellan bis hin zu Flohmarktartikeln. So erklärt die Perserkatzen-Freundin Maria, die an die 600 Katzenfiguren ihr Eigen nennt: »Ich habe schon als Kind alles Mögliche von Fußballkärtchen bis zu Postern von Elvis Presley gesammelt. Nachdem ich meine erste Katze geschenkt bekommen hatte, kaufte ich alles, was ich an Katzenkram bekommen konnte. Als Studentin hatte ich zunächst wenig Geld, da suchte ich mir Katzenfiguren aus, die nicht so teuer waren. Als ich nach dem Studium gut verdiente, richtete ich mein Augenmerk eher auf wertvolle Objekte. Trotzdem kaufe ich mir auch heute noch hin und wieder das, was mein Mann und meine Kinder schlicht als Kitsch abtun. Das ist einfach ein Spleen von mir und ich stehe dazu.«

Andere Frauen lassen ihrer Sammelwut freien Lauf und kaufen nach dem Motto ›Kitsch as Kitsch can‹ jede Katzenfigur, Hauptsache, sie ist niedlich und putzig. So verteidigt auch Anneliese, eine Siamkatzenhalterin, ihre Vorliebe: »Unser Zuhause ist absolut modern eingerichtet, da gibt es keine überflüssigen Dinge, die das geradlinige innenarchitektonische Bild stören könnten. Vielleicht muss ich aus diesem Grund hin und wieder mein Bedürfnis nach einem überladenen Raum erfüllen. In meinem Arbeitszimmer, das nur mit Stahl und Glaselementen eingerichtet ist, steht eine Vitrine, die voll ist mit niedlichen Katzenobjekten. Besonders haben es mir alte Comicfiguren wie von Fritz the Cat angetan. Wenn ich so etwas auf Auktionen erstehe, greife ich dafür gern auch einmal tief in die Tasche. Ich habe mir vor kurzem aber sogar eine süße, kleine Katze in einem Outfit gekauft, das sich je nach Wetterlage ändert. Die ist grauslich schön und steht auf meinem Schreibtisch.«

Dann gibt es noch die anspruchsvollen Sammlerinnen, für die es wenigstens Thun-Katzen, Hutschenreuther oder Katzen aus chinesischem Porzellan, möglichst aus der Ming-Dynastie, sein müssen. Lore, die mit drei Hauskatzen aus dem Tierheim ihr Leben teilt, ist eine solche Sammlerin: »Ich hätte so gern eine Rassekatze«, sagt sie, »aber ich kann mir keine kaufen, weil ich dann immer an die Tiere im Tierheim denken muss, die keinen Menschen haben, der lieb zu ihnen ist. Ich habe kein Problem damit, auch mit zickigen und charakterlich schwierigen Miezen zusammenzuleben. Die Fähigkeit hat schließlich nicht jeder. Dass ich mir den Wunsch nach einer Rassekatze verkneife, ist ganz bestimmt der Grund dafür, dass ich lauter exklusive Katzenfiguren kaufe.«

Manche Frauen bringen sich aus jedem Urlaub Katzenkreationen mit. Und so können ihre Gäste in ihren Regalen Katzen aus der Türkei, aus den Niederlanden, aus England und aus Spanien bewundern. »Wenn ich mir meine Katzenskulpturen anschaue, kommen mir immer wieder auch Erinnerungen und schöne Erlebnisse von meinen Reisen ins Gedächtnis«, erzählt eine solche Sammlerin.

Die Art und Weise, wie Frauen ihre Sammelstücke aufheben, ist genauso unterschiedlich wie ihr persönlicher Geschmack. Ich zum Beispiel gehöre zu einem Mischtyp, der alle möglichen Katzenfiguren im ganzen Haus verteilt hat. Eine Freundin von mir kaufte sich speziell für ihre zahlreichen Katzengestalten eine Glasvitrine.

Im Rokoko wurde sogar eine Pralinenkreation entwickelt. Maréchal du Plessis-Praslin widmete sie einer Katze und erfand die heute noch beliebten Katzenzungen.

Der Markt ist voll von süßlicher Katzenkunst, vom Billig-Geschmacklosen bis zum Wertvollen und wirklich Schönen, wobei Letzteres immer eine Frage des Geschmacks ist. In der modernen Kunst sind es fast ausschließlich Frauen, die sich in ihren Arbeiten dem Thema Katze widmen.

Auch in England, dem Ursprungsland der Katzenzucht, lohnt es sich, in den kleinen und oftmals verstaubten Shops nach verborgenen Schätzen zu stöbern. Auch viele Niederländer sind große Katzenfans. Bei einem Trip ans Meer oder in die großen Städte macht es Frauen besonders viel Spaß, Katzenmotiven auf den zahlreichen Märkten besondere Aufmerksamkeit zu schenken.

Ein gute Freundin von mir bringt mir stets von neuem etwas Katzenmäßiges von ihren Reisen mit, und so halten es Katzenfreundinnen häufig unter sich. Möchte man einer Freundin mit Katze ein kleines Geschenk machen, so weiß man, dass man mit einer Katzenfigur, sei es ein Windlicht mit Katzenkopf oder eine Katzenteekanne meist nichts falsch machen kann. Durch solche Geschenke wird der Liebe der Freundin zu Katzen Respekt gezollt. Für Katzenfreundinnen unter sich, sind solche Gesten Ausdruck einer gegenseitigen Verbundenheit. Dass dies oft dazu führt, dass die Schränke vor lauter Katzenschätzen und -nippes überquellen, steht auf einem anderen Blatt.

Häufig werden auch die Wände wenigstens durch ein Katzenbild geschmückt. Wenn es nicht die Fotos der eigenen Katzen in unterschiedlichen Lebensabschnitten sind, finden sich hier moderne oder klassische Katzendarstellungen von ganz unterschiedlicher Qualität. In unserem Wohnzimmer hängen zum

Beispiel vier Katzenbilder, und alle vier sind mit einer eigenen Geschichte verknüpft.

Richtige Katzomaninnen nennen ihre Lieblinge sogar auf ihrem Türschild: »Rita Müller, Mohrle und Tom«, kann man dort beispielsweise lesen. Dieses Phänomen wird gemeinhin die »Du-Evidenz« genannt, mit der man laut Silvia Greifenhagen die Tatsache bezeichnet, »dass zwischen Menschen und höheren Tieren Beziehungen möglich sind, die denen entsprechen, die Menschen unter sich bzw. Tiere unter sich kennen ... Für die Du-Evidenz ist nicht entscheidend, ob die Weise der Wahrnehmung oder der emotionalen Zuwendung objektiv das Wesen des als Du adressierten Partners trifft. Worauf es einzig und allein ankommt, ist die subjektive Gewißheit, es handelt sich bei einer solchen Beziehung um Partnerschaft ... Die vom Menschen empfundene tierische Du-Evidenz äußert sich in vielen Erscheinungsformen, die eines gemeinsam haben: Das Tier wird als Genosse gesehen, dem personale Qualitäten zugeschrieben werden.«

Meine Katzen sind als Mitbewohner zwar nicht an unserem Namensschild an der Haustür auszumachen, denn bei fünf Samtpfoten müsste das Schild schon recht groß sein. Doch jeder erkennt schon an unserem Vorgarten, dass in unserem Haus Katzen leben. Eine schwarzweiße Mieze hängt als Skulptur an der Regenrinne, und eine schwarze Katze sitzt, unsere Gäste begrüßend, direkt draußen an der Eingangstür. Sie bringt mit erhobener Pfote zum Ausdruck, dass, wer Katzen überhaupt nicht leiden kann, besser draußen bleibt.

Die Katzenzucht ist eine der wenigen Frauendomänen in der Tierzucht. Bei seriösen Züchterinnen handelt es sich um eine Tätigkeit, die neben viel Herz ebenso viel Wissen und einen enormen Sachverstand voraussetzt. Frauen sind hier allerdings nicht in eine Männerwelt eingebrochen. Viele Jahre hat man die Katzenzucht gemeinhin als Hobby von alten Jungfern angesehen. Warum ich diesen Schwenker zur Katzenzucht beim Thema Sammelleidenschaft mache? Nun, Frauen die züchten, können ihr Verlangen nach mehr Katzen eben besser ausleben als diejenigen, die ihr Leben lediglich mit einer oder zwei Katzen teilen. Im schlimmsten Fall sammeln sie Lebewesen, doch das ist zum Glück selten der Fall. Das Bedürfnis, mehr Katzen als durchgängig versorgbar zu halten, wird bei der Züchterin durch Katzenbabys befriedigt, die nur temporär ihr Leben teilen und irgendwann das Haus verlassen. Dennoch sammeln gerade Züchterinnen alles, was sie auf Ausstellungen, beim Einkaufsbummel und auf Reisen zum Thema Katze entdecken können. Zum Teil dienen ihnen diese Objekte sicher als Trost bei der Abgabe der Katzenkinder.

Die »Katzenhochzeit«, die 1996 in Bangkok gefeiert wurde, ist ein Beispiel dafür, dass Katzomanie auch in Dekadenz ausarten kann. Bei diesem Spektakel wurde ein blauäugiger Kater im Frack (!), der im Rolls-Royce anreiste, mit seiner »Braut« Ploy »vermählt«, die mit einem Hubschrauber eingeflogen wurde. 500 Gäste wohnten der perversen Vorstellung bei. Der Spaß war einem Kosmetikhersteller umgerechnet 150 000 DM wert. Man sollte sich besser nicht überlegen, wie vielen Menschen und Tieren man mit diesem Geld hätte helfen können.

Obwohl immer noch weniger Frauen als Männer das Internet nutzen, finden sich doch bereits zahlreiche Katzenfreundinnen, die ihrer Katzenliebe mit einer eigenen Website frönen. Auch das Bedürfnis, Gleichgesinnte zu finden, kann in diesem Medium sehr gut befriedigt werden. Mit wem können sich Frauen schon so nett und zudem ausgiebig über ihre Miezen unterhalten, wenn nicht mit Katzenfreundinnen? Allen anderen kann man mit seiner Katzomanie schon hin und wieder ganz schön auf die Nerven fallen. Das glauben Sie nicht?

Sie sind der Ansicht, alle finden die Erzählungen über die Kapriolen Ihrer kleinen Lieblinge genauso lustig und unterhaltsam wie Sie? Haben Sie denn noch nie gemerkt, wie der eine oder andere verstohlen gähnte?

Falls Sie es noch nicht getan haben, werfen Sie also ruhig einmal einen Blick ins Internet. Hier lassen sich interessante Dinge über das Leben anderer Frauen sowie Spannendes, Rührendes und Informatives über Katzen erfahren. Zudem ist es durch diese Kommunikationsform möglich, Katzenfans aus aller Welt kennen zu lernen und Einblicke auch in andere Lebensformen zu erhalten, die ausgesprochen bereichernd sein können.

Erträglicher als ein Gemahl, der murrt: Frauen, Katzen und Männer

Wer ihn kennt, der muss gestehen,
Dass er ein Kater ist, wie man ihn nie gesehen.
Sein schön getigert Haar – sein gutes Herz!
Der Pfote Samt – der Kralle Scherz!
Er ist – wenn er auf meinem Schoße schnurrt –
Erträglicher als ein Gemahl, der murrt!

Aus: Damjan/Schilling, *Mau Mao Miau*

Wen wundert es, wenn eine Frau ihre Katze oder ihren Kater hin und wieder für den besseren Partner hält? Katzen neigen äußerst selten dazu, destruktiv zu sein, mal von dem Kratzen an Tapeten und einzelnen Polstermöbeln abgesehen. Außerdem geben sie in Gesprächen fast nie freche oder gelangweilte Widerworte. Im Gegenteil, Katzen legen sich auf den Schoß ihrer Besitzerin, schnurren, blicken sie aus ihren wunderschönen Augen seelenvoll an und geben ihr zu verstehen, dass sie ihr »Frauchen« uneingeschränkt lieben. Außerdem geben sie ihrer zweibeinigen Oberkatze nie das Gefühl, dass es für sie selbstverständlich ist, dass wir für ihr leibliches Wohl sorgen. Das glauben Sie nicht?

Stellen Sie sich einmal die Situation vor, Sie stehen in der Küche und öffnen zwei Konservendosen: Gemüseravioli in Tomatensauce und »Minz-Maunz«-Fischfilet in Aspik. Was meinen Sie, wer begeistert in die Küche gelaufen kommt und wer ein langes Gesicht zieht? Ganz klar, neben Ihnen wird Ihre Katze stehen und sich begeistert über das Fischmenü hermachen, und er, Ihr Lebenspartner auf zwei Beinen, wird Sie fragen, ob Sie Ihre Zeit als Studentin noch nicht überwunden haben.

Die Schauspielerin Traute Carlsen empfand Katzen wohl auch als die besseren Partner. Sie lebte mit etlichen Katzen zusammen, von denen sie nie eine abgab. In ihrem Leben mit zweibeinigen Gefährten sah es etwas anders aus: Siebenmal heiratete sie und siebenmal ließ sie sich wieder scheiden.

Judith, eine selbstbewusste junge Frau, kann auch ein Lied von dem großen Unterschied zwischen zwei- und vierbeinigen Gefährten singen. Als ihr Freund nach einem Streit mal wieder erst am frühen Morgen nach Hause kam und vielsagend nach weiblichem Parfüm roch, beschloss sie, einen Schlussstrich zu ziehen und sich für den Mann zu entscheiden, der sie noch nie enttäuscht hatte. Sie packte ihre Koffer und zog mit Friedrich, ihrem silber getigerten Kater, kurzerhand zu ihrer Freundin.

»Friedrichs Nähe tat mir in dieser Phase besonders gut«, berichtet sie. »Er mag die gleiche Musik wie ich, und auch wenn ich in meiner Trennungszeit ein Lied zum hundertsten Male spielte, murrte er nicht. Weinte ich, so leckte er mir die Tränen vom Gesicht. Einen besseren Tröster hätte ich mir nicht vorstellen können. Er verlangte zudem im Gegensatz zu meinen Freundinnen nicht, dass ich endlich erkennen müsste, wem ich da auf den Leim gegangen war. Weil auch er meinen Ex-Freund – wie auch leider zahlreiche andere Frauen –, sehr mochte, verstand er meinen Schmerz und fühlte mit mir. Er vermisste ihn genau wie ich.«

Woran sich oftmals in einer Beziehung die Geister scheiden ist die Frage, ob die Katze des Nachts in der Besucherritze liegen darf. Frauen teilen gern ihr Kopfkissen mit ihrer Mieze – bisweilen allerdings nur weil ihnen deren Schnurren als Ausgleich zum Schnarchen von jemand anders dient. Es ist jedoch nachvollziehbar, dass ein Partner sich schlecht entspannen kann, wenn er seiner Liebsten Zuneigung schenken will und die Katze ihm dabei an den Zehen knabbert. Frauen sollten in dieser Hinsicht tolerant sein und erlauben, dass die Katze hin und wieder für eine begrenzte Zeit aus dem Schlafzimmer ausgesperrt wird.

Kathrin hatte diesbezüglich ein echtes Problem. Sperrte sie ihre Katze Puppi aus, kratzte diese ausgiebig an der Schlafzimmertür und maunzte so lange kläglich, bis Kathrin der Sinn nach allen fleischlichen Gelüsten vergangen war. Andererseits war es unmöglich, Puppi ins Schlafzimmer zu lassen, weil sie, ein großer Fan von allen Aktionen, an diesen teilhaben wollte und Kathrins Lover ständig das Gesicht ableckte, woraufhin er doch lieber den Krimi sehen wollte. Ich riet den beiden, Puppi einen vierbeinigen Gefährten zu schenken, damit sie sich trotz geschlossener Schlafzimmertür nicht zu allein fühlte. Nun haben Kathrin und ihr Liebster zwei Katzen, die vor der geschlossenen Tür randalieren, eine gute Stereoanlage, die alle möglichen und unmöglichen störenden Geräusche übertönt, aber keine Schuldgefühle mehr. Man kann im Leben nun mal nicht alles haben.

Der Männerblick: Die Katze als bessere Frau

Ich liebe die Weiber noch immer; als ich in Göttingen von allem weiblichen Umgange ausgeschlossen war, schaffte ich mir wenigstens eine Katze an.

HEINRICH HEINE

Unzählige mehr oder weniger berufene Männer gaben ihre Meinung über eine besondere Ähnlichkeit und Verbundenheit zwischen Frauen und Katzen zum Besten. Casanova, der alte Schwerenöter, hatte auf Reisen immer eine Katze bei sich: »In der Katze sehe ich die Frau mit ihrer ewig beweglichen, sensiblen Seele.«

Der Dichter Paul Verlaine beschrieb in seinem Wunschbild Frau und Katze so: »Weiße Händchen und weiße Tätzchen / Und keines von beiden die Krallen zeigt / Reizendes Weib und reizendes Kätzchen / Necken sich, wenn sich der Tag neigt.« Dann begriff Verlaine, dass er sich in beiden täuschte und fragte weiter: »Können weiße Finger auch kratzen?«, und stellte ganz schlau fest: »Rosige Nägel sind spitz! Und sacht / Werden vier scharfe Krallentatzen / Aus weichen Samtpfötchen gemacht. / Wie nur weiße Pfoten schön heucheln / Können! Doch während sie tückisch schmeicheln / Wedelt der Teufel schon mit dem Schwanz / Und im Boudoir sieht man im Dunkeln / wie von Schwefel und von Phosphorglanz / vier Augen aufeinander funkeln.«

In einem Punkt muss man Verlaine Recht geben: Frauen betreiben wie Katzen eine gewisse »Krallenpflege«. Je nach Geschmack haben sie kurze oder lange Nägel und benutzen Nagellack in zarten bis aggressiven Farben. In Nagelstudios lassen sie sich teilweise sogar künstliche Nägel anfertigen, die bei Bedarf noch mit kleinen Bildern oder Glitzersteinen versehen werden. Katzen benutzen zwar keine Nagelfeilen, wetzen ihre Krallen aber so, dass diese spitz und scharf als Waffe eingesetzt werden können. Über Frauen, die sich zu wehren verstehen, hört man nicht selten den Ausspruch: »Die zeigt ihre Krallen.«

Und hier wird es spannend. Denn einerseits werden die Männer nicht müde, die Sanftheit und Schönheit als gemeinsame Eigenschaften von Frauen und Katzen zu preisen. Auf der anderen Seite fürchten sie die Kraft, die sich ihrer Ansicht nach hinter dieser Fassade verbirgt: das vermeintlich teuflische Element. Teuflisch ist für viele Männer sowohl an der Katze als auch an vielen Frauen, dass sie eigenwillige Wesen sind, die ihre Unabhängigkeit schätzen und trotzdem geliebt werden wollen. Und dass sie ihre Krallen ausfahren, wenn etwas gegen ihren Willen mit ihnen geschieht. Letzteres haben viele Männer ja immer noch nicht begriffen. Dies mag einer der Gründe dafür sein, dass Männer das Nein einer Frau allzu gern als Laune oder Koketterie abtun.

Auch Ulrich Clever, einer der wenigen männlichen Sachbuchautoren zum Thema Katzen, ist davon nicht weit entfernt: »Zu allen Zeiten und bei allen Völkern, die mit Katzen lebten, wurden Frau und Katze als verwandte Seelen empfunden. Die Erklärung, dass die Katze das Haus liebt und die Hüterin des Hauses ist, halte ich für zu simpel. Die zauberischen Frauen, die sich bei uns als Hexen, im Fernen Osten als Dämonen in Katzen verwandeln konnten, sagen schon mehr über diese Wechselbeziehung aus. Katze und Frau, das hat etwas Verlockendes, Wollüstiges, Erotisches. Da ist Anmut mit im Spiel, Unergründlichkeit, Koketterie und Laune. In dieser Aneinanderreihung klingt das wie die Weibchen-Beschreibung eines antifeministischen Patriarchen. Doch ich will mich bei den Karrierefrauen unter meinen Lesern entschuldigen: Für mich sind Katzen so, für mich sind viele Frauen so.« Ein Kommentar erübrigt sich hier.

Beispiele für die Unsicherheit von Männern gegenüber Frauen und Katzen finden sich zuhauf. Sie wird immer dann deutlich, wenn die positiven Eigenschaften und Fähigkeiten von Frauen ins Negative gezogen werden. Chauvinisten soll hier beileibe kein Forum geboten werden. Manche Aussprüche sind aber derart dumm, dass sie schon wieder witzig sind. So auch jener des Schriftstellers Gustav Michel, der der Ansicht war, der Schlaf der Katze gleiche jenem der Frau: »Die Frau schläft nicht so tief wie der Mann, der bei Tage mit klarerem, instinktiverem Bewusstsein in der Welt wacht.« Nebenbei gefragt: Wie soll sie auch tief schlafen, wenn er schnarcht oder sie mit einem Ohr im Kinderzimmer wacht.

Michel vertrat auch die Ansicht, Frauen und Katzen widmen sich gleichermaßen ausgiebig ihrem Äußeren: »Frauen haben viel Verwandtes mit Katzen, auch sie lieben die Sauberkeit« – wofür gibt es schließlich Duschen? –, »den Putz, Tand und das Spiel, und wissen mit ihren niedlichen Füßchen« –zahlreiche Frauen haben Schuhgröße 40 – »katzenartig zierlich die trockenen Stellen zu finden, wenn sie an regnerischen Tagen die Straße zu passieren haben« – wer hat schon gern nasse Füße?

Der habilitierte Verhaltensforscher Reinhard Bergler hat zum Thema Frau und Katze eine schmeichelhaftere Einstellung: »Frauen akzeptieren diese Selbständigkeit und Individualität der Katzen, weil Frauen in den seltensten Fällen ein Lebewesen, das sie lieben, beherrschen wollen.« Ich habe Reinhard Bergler vor Jahren auf einem Fachsymposion persönlich kennen gelernt, und er war mir spontan sympathisch. Jetzt weiß ich auch warum.

Die österreichischen Wissenschaftlerinnen Helene Karmasin, Leiterin des Wiener Instituts für Motivforschung (ifm), und Mircea Pfleidner vertreten die Ansicht, dass Katzenhalterinnen besonders »einfühlsam, verständnisvoll, tolerant, weiblich, zärtlich, häuslich und erotisch« sind. Der Verhaltensforscher Dennis C. Turner stellte in seinen Untersuchungen fest, dass es in der Kommunikation zwischen Frauen und Katzen sowie Männern und Katzen Unterschiede bezüglich der Körpersprache gibt: »Zum Beispiel sind Frauen (Mädchen) eher geneigt, sich zur Katze hinunter zu begeben, während Männer dafür lieber in einer sitzenden Position bleiben.« In den von ihm beobachteten Situationen waren es auch »die Frauen, die Katzen öfter von sich aus aufforderten, etwas miteinander zu tun, als die Männer, unabhängig von den unterschiedlichen Zeitspannen, die die einzelnen Personen jeweils zu Hause verbracht hatten.«

Dieses Frauenverhalten weicht letztlich nicht besonders von jenem ab, das sie auch gegenüber Kindern zeigen: Sie begeben sich auf deren Höhe herab und kommunizieren und spielen intensiver mit ihnen als Männer. Alles eine Frage der Sozialisation wahrscheinlich.

Auch der deutsche Bundeskanzler Gerhard Schröder hat verstanden, dass Frauen, die Katzen lieben, etwas Besonderes sind. So muss er sich daheim nicht nur auf seine Frau und Tochter Klara, sondern auch auf deren Katze Schnurri einstellen. »Als Mann kommst du gegen zwei Sachen nicht an: Pferderomane und Katzen«, äußerte er kapitulierend.

Die gut aussehende Dosenöffnerin

Frauen werden in der Werbung nicht mehr durchgängig, aber noch sehr oft als schön und dumm – oder auch schön dumm – präsentiert. Das hat bei der Werbung für Tierprodukte eine ganz besondere Note. Die Werbefachleute der Futtermittelindustrie scheinen, wahrscheinlich aufgrund schlauer Marktanalysen, der Meinung zu sein, dass Katzen Frauen- und Hunde Männertiere sind. Dass Frauen und Katzen gut zusammenpassen, soll hier nicht bestritten werden. Es geht lediglich um die Darstellung der Gründe für dieses Zusammenpassen in der Werbung, die ich mit einem Vergleich von Katzen- und Hundefutterreklame verdeutlichen möchte.

Generell sieht man in TV-Spots für Katzenfutter nur hübsche Frauen, die mit ihren Miezen schmusen und sie mit allerlei Leckereien verwöhnen. Als ansonsten doch so hilflose Wesen sind Frauen dort sogar in der Lage, eine Dosc zu öffnen und das Futter geschickt auf einem Teller zu drapieren, mit Petersilienstängel versteht sich. Das Ganze spielt sich im Haus ab, wo Frauen anscheinend ja heute noch hingehören.

Männer, meist sportiven Typs, hingegen, laufen mit ihren Hunden durch Wiesen und Wälder über Stock und Stein. Frauen wären damit nach Ansicht der Werber wohl überfordert. Und nach der ausgiebigen Wanderung von Herr und Hund findet sich flugs das gute Futter daheim auf dem Teller ein. Hier scheinen die Männer durchaus fähig zu sein, wenn schon nicht sich selbst, so doch wenigstens ihren Hund zu versorgen. Manchmal holt der Hund sich auch selbst sein »Fresschen«, weil Herrchen anderweitig beschäftigt ist. Ach, ist das niedlich!

Wie absurd dieses Bild von Freiheit und Abenteuer ist, wird deutlich, wenn man sich klarmacht, dass ein Hund im Gegensatz zur Katze, die meist mit Artgenossen zusammenlebt, in der Regel kaum einen ganzen Arbeitstag allein zu Hause aushalten kann, bis Herrchen von der Arbeit heimkommt. Wer also füttert den Fiffi in der Zeit, in der der Mann aus der Werbung das Geld fürs Hundefutter und anderes verdienen geht? Wer geht mit ihm Gassi? Selbstverständlich tun dies Frauen, die als Familienmütter entweder meist halbtags außer Haus beruflich tätig sind oder freiberuflich, aber unbezahlt als Hausfrau und Mutter arbeiten. Doch sie treten in der Werbung für Hundefutter fast nie in Erscheinung.

Nun darf man nicht vergessen, dass fälschlicherweise angenommen wird, ein Hund müsse erzogen werden – und eine Katze nicht. Auch lässt sich die Katze ungern dominieren. Gelten also Katzen als die besseren Haustiere für Frauen, weil sie keine »starke Hand« benötigen? Werden sie deshalb in der Katzenfuttermittel-Werbung gezeigt? Oder haben die Marketingfachleute lediglich begriffen, dass Frauen und Katzen Seelenverwandte sind, und wollten den männlichen Hundehaltern aus lauter Barmherzigkeit ebenso einen Platz, quasi als Kontrastprogramm, einräumen?

Fakt ist, dass hinter jedem Werbeprojekt eine Verkaufsstrategie steckt. Bevor spezielles Katzenfutter als Verkaufsartikel erfunden wurde und Katzen sich ihre Nahrung selbst besorgten oder von den Essensresten ihrer Menschen ernährt wurden, hatten Katzen in der Werbung einen geringen Stellenwert. In Verbindung mit der Frau war die Katze ein Sinnbild für Schönheit und Eleganz und wurde in der Regel mit Kosmetikartikeln für Frauen verbunden, so zum Beispiel auf einem Plakat von Edward Penfield von 1896, das dieser für Harper's Magazin entwickelte.

Es bleibt zu wünschen, dass sich in der Katzenfutter-Werbung ein ähnliches Frauenbild durchsetzt, wie es in der Automobil- und der Werbung für Haushalts-Papiertücher bereits anklingt: Da gibt es Frauen, die ihre nörgelnden Ehemänner schon mal an der Raststätte stehen lassen oder den faulen Freund – wisch und weg – einfach vom Sofa putzen. Sie wirken eher wie eigensinnige und starke Katzen als wie die putzigen Miezileins aus der Katzenfutterreklame.

Die Katze als Männertherapeutin

Männer werden selten richtig erwachsen. Wie sonst ist es zu erklären, dass so viele von ihnen mehr oder weniger heimlich mit ihrer Spielzeugeisenbahn spielen oder als leidenschaftliche Bastler ihr Heim mit allerlei Holzarbeiten schmücken. Im Beisammensein mit der Katze können große Jungs ihre Kindlichkeit wunderbar ausleben.

Auch wenn sie ansonsten noch so cool sind, liegen sie nach getaner Arbeit, hält eine Katze Einzug, plötzlich mit den Kindern entspannt auf dem Teppich und spielen »Fang die Maus« und flöten »Ja, wo ist denn das Mäuschen?«. Nach einer Weile können sie sich überhaupt nicht mehr vorstellen, dass sie am Abend zuvor nur noch ihre Ruhe haben wollten.

Das Zusammenleben mit einer Katze scheint gestresste Männer weicher zu machen und verhilft ihnen zu der Entspannung, die sie nach einem anstrengenden Arbeitstag benötigen, um sich aufmerksam ihrer Frau und/oder Familie zuwenden zu können. Besonders sympathisch sind Väter, die mit ihren Kids im Zoofachgeschäft Katzenfutter einkaufen gehen. Man sieht ihnen förmlich an, wie viel Spaß der Einkauf macht. Wo Mütter den Einkauf auf die notwendigen Dinge beschränken, kaufen Väter noch allerlei Spielzeug, das ihre Kinder in den Einkaufswagen legen.

Viel mehr alleinlebende Männer sind Katzenfreunde als man vermuten würde. 1,3 Millionen männliche Singles teilen ihr Leben mit einer Samtpfote. Ungefähr jeder Vierte verbringt seine

Freizeit gar mit zwei oder mehreren Katzen. Laut einer Studie der Universität Bonn halten sich männliche Katzenfans für temperamentvoll, aufgeschlossen und gesellig.

Der Verhaltensforscher Reinhold Bergler meint, dass für Männer Katzen zärtliche Spielkameraden sind, mit denen sie reden und schmusen können. Dies hätte den Nutzen, dass Männer durch die Katze Nachhilfeunterricht in ihren eher verkümmerten emotionalen und sozialen Fähigkeiten erhalten würden. Ähnlich äußert sich der Verhaltensforscher Dennis C. Turner, der in der wachsenden Beliebtheit von Katzen bei Männern ein verändertes Rollenbild des so genannten starken Geschlechts widergespiegelt sieht, »weg vom herrschenden ›Tyrannen‹, hin zu einer partnerschaftlichen Beziehung«.

Die Verhaltensforscherin Erika Friedmann schätzt den Umgang mit Katzen für Männer ebenfalls als hilfreich bezüglich ihrer Gefühlswelt ein: »Männer haben größere Schwierigkeiten beim Geben und Nehmen von körperlichen Kontakten. Aber sie haben überhaupt keine Hemmungen, ihre Katze zu streicheln.«

Katzen schätzen es in der Regel weniger, lässig auf die Flanken geklopft oder bis zum Ersticken an die mehr oder weniger breite Männerbrust gedrückt zu werden. Da sie sanfte und zärtliche Berührungen mehr mögen, könnten Männer durch den Umgang mit ihnen lernen, was Zärtlichkeit wirklich bedeutet, zumal die Katze es ihnen durch ihre Anschmiegsamkeit vorlebt. Dieser Austausch von Zärtlichkeiten ist in keiner Weise tabuisiert, und so können Männer sich dabei ohne Angst vor einem Gesichtsverlust endlich einmal ihrer zarten Seite hingeben. Wir wollen es nicht übertreiben, aber die Katze könnte auf der emotionalen Ebene fast als eine Art Lehrerin für eine gute Beziehung mit einer Frau dienen. Jedenfalls werden Katzen von vielen Männern mit mehr Respekt behandelt als Frauen.

Homosexuelle Männer finden zumindest teilweise ihren weiblichen Anteil in der Katze gespiegelt. Nur am Rande sei erwähnt: Mein schwuler Bekannter Harald hält diese Theorie für blanken Unsinn. Dennoch hat er eine Erklärung dafür, warum homosexuelle Männer sich auffällig zu Katzen hingezogen fühlen. Er erklärte mir, dass Homosexuelle zum »Überleben« in einer heterosexuell bestimmten Gesellschaft auf eine gute Beobachtungsgabe und auf eine besonders ausgeprägte Sensibilität angewiesen gewesen sind. Da er diese Eigenschaften auch bei Katzen entdecken konnte, vertritt er die Ansicht, dass hier zwischen einem schwulen Mann und seiner Katze eine besondere Nähe und Gegenseitigkeit gelebt wird. Er jedenfalls hat in seiner Katze eine Seelenverwandte gefunden.

Von Katzenhasserinnen und Männern, die aus der Hand fressen

Eine Nachbarin von mir mag Katzen überhaupt nicht. Immer wenn sie zu mir kommt, sitzt sie sprungbereit auf der Sesselkante. Diese Frau ist eigentlich sehr nett, aber Menschen wie sie sind mir trotzdem suspekt. Von Allergikern und den armen Menschen einmal abgesehen, die negative Erfahrungen mit Katzen gemacht haben und sich verständlicherweise vor ihnen fürchten, handelt es sich hier meist Angehörige zweier Spezies von Katzenhasserinnen.

Da ist erstens die Gruppe der stets ein wenig verkrampft wirkenden Frauen, die sich von den natürlichen Dingen des Lebens recht weit entfernt haben. Die zweite Gruppe bevölkern Frauen, die, was ihren Haushalt angeht, überpingelig sind und ihre Erfüllung darin finden, den lieben langen Tag mit einem Schwämmchen bewaffnet in den Zimmerecken herumzukriechen. Sie sonnen sich stolz im Glanz ihres perfekten Heims. Bei jedem noch so kleinen Katzenhaar auf der Kleidung holen sie gleich die Fusselbürste aus dem Schrank. Bei ein paar Haaren mehr auf dem Teppich würden sie diesen wahrscheinlich wund und kahl saugen. Dies soll nicht heißen, dass Katzenhalterinnen Schlampen sind. Sie sind nur, was ihr Wohnumfeld angeht, meist erheblich gelassener, und diese Gelassenheit verbindet sie selbstverständlich.

Die meisten Katzenbesitzerinnen empfinden Katzenfeindlichkeit als persönliche Beleidigung. Meine Freundin Uschi begeistert sich nicht nur für pflegeleichte Rassekatzen, sie hat auch ein Herz für arme, verhaltensgestörte, durch negative Erfahrungen mit Menschen belastete Tiere. Als wir einmal gemeinsam Silvester feierten, wollte sich mein Sohn bei ihr ein Stündchen im Nebenzimmer schlafen legen. Doch er kam zu uns ins Wohnzimmer zurück und sagte: »Ich kann nicht schlafen. Der schwarze dünne Kater schaut mich so böse an, der ist soo hässlich.« Da war die gute Uschi ernsthaft sauer.

Mein Sohn ist mit einem großen Hauskater und kräftigen Norwegischen Waldkatzen aufgewachsen und kannte keine schlanken Siamkatzen. Dennoch war mir sein Verhalten sehr unangenehm, denn ich fände es auch nicht nett, wenn man eine meiner Katzen als hässlich bezeichnete. Schließlich geht es uns mit Freunden auf zwei Beinen auch ähnlich.

Nun kann man nicht von jedem verlangen, dass er sich zu Katzen hingezogen fühlt. Aber der Gast, der eine Katze im Haus des oder der Besuchten nicht mag und dies auch noch äußern muss, der bringt zum Ausdruck, dass er ein Familienmitglied nicht akzeptiert. Auf die Zurückweisung ihrer Katze reagieren Frauen nicht selten äußerst allergisch.

Frauen definieren manchmal die Qualität einer Freundschaft sogar darüber, ob eine Freundin mit ihrer Katze zurechtkommt oder nicht. So erzählt Luise: »Ich muss es bei aller Liebe gestehen: Mein Kater ist, was andere Menschen angeht, ziemlich bösartig. Er liebt eben nur mich, und da wir beide schon viele Jahre zu zweit zusammenleben und ich früher bis zu zehn Stunden beruflich außer Haus sein musste, ist doch auch verständlich, dass er mich nun nur für sich haben will. Er ist richtig eifersüchtig. Wenn meine Freundin zu Besuch kommt, beißt der kleine Teufel ihr regelmäßig in den Fuß. Deshalb zieht sie sich, bevor sie meine Wohnung betritt, immer ein paar feste Stiefel kann. Da kann er dann ruhig beißen. Ich schätze es sehr, dass meine Freundin ihn nicht verurteilt, sondern sich auf das Problem einstellt. Sie ist eben eine wirkliche Freundin. Ich hoffe nur, dass, sollte ich irgendwann einen neuen Lebenspartner haben, dieser genauso viel Verständnis hat. Aber das wird sicher nicht leicht werden.« Möge Luise also einen Mann finden, der nur mit Stahlkappenschuhen die Wohnung betritt, denn soviel Katzenliebe kann nicht jeder nachvollziehen.

Es gibt auch Menschen, die nicht katzenfeindlich eingestellt sind, aber mit Tieren generell nichts anfangen können. Wenn eine Katze auf ihren Schoß springt, fühlen sie sich sehr unwohl. Hier ist wichtig zu wissen, dass wohlerzogene Katzen ihre menschlichen Schmusepartner »ansprechen«, bevor sie zum Sprung auf den erhofften Schmuseplatz ansetzen. Für solche Leute ist es ratsam, auf die Ansprache einer Katze schlichtweg nicht zu reagieren. Die meisten Katzen können damit gut leben.

Am unangenehmsten wird es bei Menschen, die sich eine Katze anschaffen wollen, aber überhaupt keine Katzenfreunde sind. Als Züchterin obliegt mir die schwierige Aufgabe, bei den Interessenten die Spreu vom Weizen zu trennen. Eines Tages hatte ich eine Frau zu Gast, die ein Jungtier kaufen wollte und die meinen Kater, den an diesem Tag wohl sein Gefühl für einen guten bzw. einen schlechten Menschen getäuscht hatte, als er mit ihr schmuste, mit den Worten »Igitt, das Tier haart ja!« vom Sofa schubste. Auch stellte sie nach einem kritischen Blick auf meinen frisch gesaugten Teppich fest, dass sie nach der Anschaffung einer Katze wohl täglich den Staubsauger betätigen müsse. Ich riet dieser »Katzenfreundin« zu einem Stofftier und begleitete sie, noch ehe sie Luft holen konnte, zur Tür.

Besonders Katzenhalterinnen, die ihrer Mieze den Freigang gestatten, haben es hin und wieder mit Katzenfeinden zu tun, denen sie nicht aus dem Weg gehen können und deren Anfeindungen sie unter Umständen kaum entgehen können. Da gibt es Hundehalter, die ihren Vierbeinern das Spiel »Fang das Kätzchen« beibringen, wobei anzumerken ist, dass es zwischen Hunden und Katzen gar keine angeborene Feindschaft gibt, sondern dass es eher zu Missverständnissen bezüglich der unterschiedlichen Körpersprachen kommen kann. Andere Zweibeiner bestücken ihre Gärten mit Giftködern, weil sie befürchten, ihre wertvollen Pflanzen könnten von der Katze angeknabbert werden.

Nicht wenige Frauen fühlen sich angesichts solch geballter Aggression hilflos. Es gibt jedoch verschiedene Methoden, mit denen Katzenhasser zum Wohl der Mieze umgarnt werden können. Da es sich bei diesem Typ häufig um äußerst unsichere Exemplare des männlichen Homo sapiens handelt, ist es ratsam, ihm entweder nach Katzenart »um den Bart zu gehen« und ihm wo es nur geht zu schmeicheln, bis man ihn in die Reihe der heimlichen (unattraktiven) Verehrer einordnen kann, oder ihm vehement mit rechtlichen Schritten zu drohen und Angst einzujagen. Da dieses Wesen sich jedoch gern streitet und meist über eine Rechtschutzversicherung verfügt, ist die erste Methode oft hilfreicher. Sie führt dazu, dass er Ihnen irgendwann aus der Hand frisst, wobei Sie dann tunlichst vermeiden sollten, ihn darauf hinzuweisen, dass es sich bei den Knabbereien in Ihrer Hand um Katzenleckerchen und nicht um selbst gebackene Käse- oder Fischplätzchen handelt.

Von Katzenmusen und Frauenzimmern

Schlägt man Katzenbücher auf, so finden sich zahlreiche bedeutende Männer, über deren Liebe zu Katzen berichtet wird. Dünn gesät sind jedoch Hinweise auf berühmte Katzenliebhaberinnen, bis auf einige sehr wenige, die gewissermaßen in Alibifunktion überall erwähnt werden, wie Colette oder Rita Mae Brown. Authentische Zeugnisse prominenter Katzenfrauen über ihre Beziehung zu ihren Katzen zu finden, ist ein noch schwierigeres Unterfangen. Gerade weil Frauen allgemein als typische Katzenfans gelten, verwundert es doch sehr, wie verschwindend gering meine Ausbeute ausfiel. Meine Buchhändlerin bemerkte dazu scherzhaft: »Wie merkwürdig, dass über Katzenliebhaberinnen so wenig notiert ist, aber wie schön, dass Männer hier einmal über ihre Liebe zum Haustier definiert werden.« In dem Zusammenhang stellte sich mir spontan die Frage, ob es vielleicht unmännlich ist, eine Katze zu lieben. Sollte dies so sein, wundert es nicht, dass berühmte Männer sich ihrer Katzenliebe anscheinend zu keiner Zeit schämten, schließlich waren sie ja nicht irgendwelche Unbekannten, die als Softies hätten verschrieen werden können, sondern meist berühmte Künstler, ob Schriftsteller, Dichter oder Maler. Und denen wird ja eh gern ein Spleen zugestanden.

Dass Frauen erheblich weniger Erwähnung in Katzenbüchern finden, die sich am Rande auch prominenten Katzenfreunden widmen, wird zum einen daran liegen, dass man Frauen, die Männern in gleich welcher Weise »Konkurrenz« machen, nach wie vor gern vergisst. Zum zweiten hält man die Verbindung zwischen Frau und Katze anscheinend für etwas so Selbstverständliches, dass es nicht als etwas Hervorzuhebendes empfunden wird. So ist es für den einen oder die andere unter Umständen selbstverständlich, dass die Brontë-Schwestern als unverheiratete »Jungfern« Katzen liebten. Der- oder diejenige kann es aber für außergewöhnlich und unbedingt erwähnenswert halten, dass Ernest Hemingway auf seiner kubanischen Finca mit 30 Katzen lebte. Bei berühmten Männern stellt sich zudem anscheinend niemand die Frage, wer denn deren geliebte Samtpfoten versorgte.

In jeder Frau steckt etwas Besonderes. Trotzdem ist nicht jede von denen, die es verdient hätten, berühmt. Außerhalb des Rampenlichts gibt es zahlreiche Frauen, die Außerordentliches vollbringen. Und nicht jede Frau hat die Möglichkeit, einen Beruf zu ergreifen, mit dem sie sich einen Namen machen könnte. Unerwähnt bleiben stets diejenigen, die mit die wichtigsten Aufgaben in der Gesellschaft übernehmen, wie zum Beispiel die Hebammen, die vielen Frauen kompetent und liebevoll helfen, ihre Kinder auf die Welt zu bringen, wie ehrenamtlich tätige Frauen, die überall auf der Welt versuchen, Not zu lindern, allein erziehende Mütter, die stolz ihre Schwierigkeiten bewältigen und ihren Alltag zu organisieren verstehen, Haushälterinnen und Hausfrauen, die Erfolgsfrauen und -männern den Rücken freihalten, damit diese ihren Weg gehen können. Diese Liste ließe sich endlos fortsetzen. Unzählige dieser Frauen teilen ihr Leben mit einer oder mehreren Katzen. Für sie, über die kaum jemand ein Wort verliert und die in keiner Chronik vermerkt sind, seien an dieser Stelle einige berühmte Katzenfreundinnen vorgestellt.

Politikerinnen, Schriftstellerinnen, bildenden Künstlerinnen und Wissenschaftlerinnen ist die Katze auf dem insbesondere für das weibliche Geschlecht oftmals steinigen Weg zum Erfolg eine gute Gefährtin, in deren Nähe sie sich so geben können wie sie sind. Intelligent, durchsetzungsfähig, mutig und dennoch sensibel, weiblich und hin und wieder anlehnungsbedürftig.

Von Rosa Luxemburg bis Hillary Clinton: Politikerinnen

Rosa Luxemburg hatte eine sehr enge Verbindung zu ihrer Katze. Durch ihre besonderen Lebensumstände wissen wir heute relativ viel darüber.

Die 1871 geborene polnischstämmige Politikerin war die Mitbegründerin der Sozialdemokratischen Arbeiterpartei des Königreichs Polen und Litauen und entwickelte sich später in Deutschland zur führenden Theoretikerin des linken Flügels der SPD. Mit Karl Liebknecht gründete die promovierte Staatswissenschaftlerin zunächst den Spartakusbund. 1918 wirkte sie maßgeblich bei der Schaffung der Kommunistischen Partei Deutschlands mit. 1919 wurde sie aufgrund ihres politischen Engagements von Freikorpsoffizieren ermordet.

Durch ihr schwieriges und gefährliches Leben begleitete Rosa Luxemburg ihre Katze Mimi, von der auch Lenin 1912 bei einem Besuch in Berlin begeistert war. Über die Beziehung Luxemburgs zu diesem Tier ist heute mehr bekannt als über das Verhältnis anderer berühmter Frauen zu ihren Katzen, denn von der Revolutionärin sind zahlreiche Briefe erhalten, die sie während ihrer Gefängnisaufenthalte vor allem an ihre Privatsekretärin Mathilde Jacob schrieb. Aus ihnen geht hervor, wie eng ihre Verbindung zu diesem Tier war.

Als Mathilde Jacob die Katze – vermutlich im Jahr 1915 – für einen Tag im Korb aus Luxemburgs Wohnung gebracht hatte, wandte sich die inhaftierte Revolutionärin in einem Brief entsetzt an sie: »Die Mimi im Korb getragen, für einen Tag mitgenommen und dann wieder abgeliefert! Wie wenn es sich um eine gewöhnliche Kreatur aus der Gattung felis domestica handelte! Nun, wissen Sie, guter Geist, daß Mimi eine kleine Mimose, ein hypernervöses Prinzeßchen im Katzenfell ist, das schon, als ich, ihre eigene Mutter, sie einmal mit Gewalt aus dem Haus heraustragen wollte, Krämpfe gekriegt hat vor Aufregung und mir in den Armen steif geworden ist, mit brechenden Äuglein wieder in die Wohnung getragen werden mußte und nach Stunden zu sich kam. Ja, ja, Sie haben keine Ahnung, was mein Mutterherz schon durchgemacht hat. Also lassen wir Mimichen in der Wohnung.«

Schließlich musste sie Mimi doch für eine längere Zeit ein neues Zuhause suchen und schrieb deshalb an ihre Sekretärin: »Ich erweise Ihnen die höchste Ehre, die ich einem Sterblichen antun kann: ich werde Ihnen meine Mimi anvertrauen! [...] Dann werden Sie sie in Ihren Armen (nicht etwa im Körbchen oder Sack!!!) im Auto entführen müssen, mit Hilfe meiner Wirtschafterin, die Sie mitnehmen am besten (ich meine nur für die Fahrt, nicht fürs Leben) und die alle sieben Sachen der Mimi (ihr Kistchen, Torfmull, Schüsselchen, Unterlagen und – bitte, bitte! – einen roten Plüschsessel, an den sie gewöhnt ist) mit verpacken wird. Das alles kann doch im Auto verstaut werden.«

Auch über ihr besonderes Zärtlichkeitsritual mit Mimi gibt Rosa Luxemburg in ihren Briefen Auskunft: »Küssen Sie von mir die Mimi auf beide Äuglein, was sie gern von mir litt«, so schreibt sie wiederum an Mathilde Jacob. Die Gefangene wollte bezüglich ihrer Katze stets auf dem Laufenden sein. Sie las die Stellen über Mimi in Mathilde Jacobs Briefen laut eigener Aussage »unzählige Male« und zeichnete ihre eigene Korrespondenz an diese oftmals mit »Ihre und Mimis R.L.«.

Ging es Mimi nicht so gut oder war sie krank, ließ ihr ihre Besitzerin selbst aus dem Gefängnis noch kleine Besonderheiten zukommen: »Weshalb«, so Luxemburg an Jacob, »war Mimi wieder in solcher Verfassung, wie Sie schreiben? Sicher ist ihr Mäglein nicht in Ordnung. Haben Sie noch ein bißchen kondensierte Milch für sie? Ich spare wieder Eier auf, die ich durch Martha schicke, dann kann Mimi auch noch eins kriegen. Ich habe solche Gewissensbisse, dass ich ihr kein Fleisch schicke, aber es bleibt jetzt so wenig, und ich fürchte auch, das bißchen kommt nicht frisch an.«

Als die Sekretärin Luxemburg in einem Brief vorsichtig signalisierte, Mimi sei erkrankt – in Wirklichkeit war die Katze schon einige Monate zuvor gestorben, und Jacob wollte Luxemburg mit dieser Nachricht nicht belasten –, schien die Politikerin im Gefängnis die Fassung zu verlieren: »Und nun schreiben Sie mir einfach, Mimi sei krank. Das soll mir genügen! Kein Wort darüber, wie und was! Und diese Redensarten vom ›Alter‹ Mimis! Vor einem Jahr, als ich verhaftet wurde, war sie noch jung und schön und gesund und in glänzendem Zustand. [...] Und plötzlich muß ich von ihrem ›Alter‹ hören! Nun bitte ich aber *umgehend* um *genaueste* Angaben: 1) seit wann Mimi krank ist, 2) worin äußert sich das, 3) ob und seit wann Verschlimmerung zu merken ist, 4) ob sie ißt und *was*, 5) welcher Tierarzt sie gesehen hat. [...] Über meine Gesundheit werde ich Ihnen soviel schreiben, wie Sie mir über Mimis schrieben. [Hervorhebungen von R.L.]« Als sie schließlich vom Tod ihres geliebten Tiers erfuhr, versuchte sie ihre tiefe Trauer dadurch zu überwinden, dass sie möglichst wenig an sie dachte: »Über Mimi will ich nichts mehr schreiben, lassen wir das traurige Kapitel ruhen.«

Emilie Schindler unterstützte ihren Mann, den Fabrikanten Oskar Schindler, 1944/45 tatkräftig dabei, rund 1200 jüdische Arbeiter und ihre Familien vor dem Holocaust zu retten. Sie brachte dabei immer wieder ihr eigenes Leben in Gefahr. Im Jahr 1994 berichtete die Zeitschrift *Emma* über die ehemalige Widerstandskämpferin, sie lebe mit fast 20 Katzen in einem Ort nahe Buenos Aires.

Margaret Thatcher ist Katzenfans unter Umständen weniger als frühere Premierministerin Großbritanniens in guter (!) Erinnerung, als vielmehr darüber, dass sie ihr Leben mit dem berühmten Kater Humphrey teilte. Er geriet in die Schlagzeilen und war Gegenstand der Diskussionen unter britischen Katzenfreunden, als die Politikerin ihn aufgrund seiner enormen Gewichtszunahme einer strengen, ärztlich kontrollierten Diät unterwarf.

Hillary Clinton brachte gemeinsam mit ihrem Mann Bill eine *famous political cat* mit ins Washingtoner Weiße Haus. Der berühmte Kater Socks erhielt von zahlreichen Katzenfreunden aus aller Welt Fanpost, die er und seine »federschwingenden« Mitarbeiter denn auch fleißig beantworteten.

Von Colette bis Rita Mae Brown: Schriftstellerinnen

Stellvertretend für alle mehr oder weniger bekannten katzenbegeisterten Frauen der schreibenden Zunft sei hier von einigen namenhaften Frauen erzählt. Zunächst von der Sidonie-Gabrielle Colette (1873–1954), die eine enthusiastische Katzenfreundin war (s. Abbildung S. 105). Nur wenigen französischen Frauen wurde aufgrund ihrer literarischen Leistungen soviel Respekt gezollt wie Colette. Mit zwanzig Jahren veröffentlichte sie ihre ersten Bücher und Erzählungen. Genauso entzückt wie von ihren literarischen Werken waren die Franzosen, wenn Colette als Schauspielerin und Tänzerin die Bühne betrat.

Ein großer Teil ihrer Geschichten, die sie auf nach Lavendel duftendem, hellblauem Papier mit Tinte schrieb, handelten von Katzen oder der Liebe zu diesen Tieren. So notierte sie in *La naissance du jour* (dt. *Tagesanbruch*) vermutlich über Chat, eine Kartäuserkatze: »Werde ich mich über Tiere wohl je genügend wundern können? Diese hier ist so einmalig wie ein Freund, den man nicht ersetzen wird, wie der Geliebte ohne Tadel. Woher kommt die Liebe, die sie mir entgegenbringt? Sie hat von selber ihren Schritt dem meinigen angepasst und das unsichtbare, von ihr zu mir führende Band, ließ ein Halsband und eine Leine vermuten. Sie erhielt beides und trug sie, wobei sie zu seufzen schien: ›Endlich‹. Die kleinste Besorgnis lässt ihr fleischloses, angespanntes Gesichtchen, mit seinen rein goldenen, in Regenbläue gebetteten Augen älter und fahler erscheinen. Vom vollkommenen Liebespaar hat sie die Schamhaftigkeit, den Abscheu vor betonten Kontakten. Ich werde wohl kaum weiter von ihr sprechen. Der Rest ist Schweigen, Treue, Seelenerschütterung, azurner Schatten auf blauem Papier, das alles aufnimmt, was ich schreibe, lautloses Vorbeihuschen silberbenetzter Pfoten.«

Diese Zeilen von Colette geben anscheinend auch meiner Katze zu denken: Der kritische Blick meiner Nicoline, mit dem sie mir beim Schreiben dieser Zeilen auf der Lehne meines Stuhls liegend über die Schulter schaut, sagt mir: »Ach, wenn du nur so mal über mich schreiben würdest.«

Colette erklärte, sie fühle Katzen gegenüber eine Dankesschuld. Katzen würden durch Verstellung an Ehrenhaftigkeit gewinnen und auf sie einen großen Einfluss ausüben. Nur durch den Umgang mit Katzen könne man sich wirklich bereichern. Zum Thema Frau und Katze hatte sie ebenso eine klare Meinung: »Frauen sind wie Katzen: Beide kann man nur zwingen, das zu tun, was sie selber mögen.«

Ebenso war Charlotte Brontë, die zunächst unter dem männlichem Pseudonym Currer Bell schrieb, Katzen sehr zugetan. Der erste Roman von Brontë alias Bell, der 1846 im Londoner Smith & Elder-Haus auf dem Verlegertisch landete, wurde ihr mit der Begründung, er hätte nicht genug Tiefe, bewiese aber Talent, zurückgesendet. Bronte ließ sich nicht entmutigen, startete einen neuen Versuch und sandte ein Jahr später ihren neuen Roman, *Jane Eyre*, nach London, der das viktorianische England wegen seiner Kühnheit, Lebendigkeit und Sprachfülle begeisterte.

Auch die beiden Schwestern von Charlotte, Emily und Anne, verfassten unter den Pseudonymen Ellis und Acton Bell Romane. Als unverheiratete Pfarrerstöchter lebten die drei Schwestern – eng mit der heimatlichen Moorlandschaft und dem Rhythmus der Natur verbunden – auf dem Land, wo Katzen nicht nur als Mäusefänger mit zu ihrem Haushalt gehörten.

Unvergessen bleibt die 1921 geborene und 1995 verstorbene amerikanische Schriftstellerin Patricia Highsmith, die in Frankreich lebte. Ihre Kriminalromane treiben den Leserinnen und Lesern bis heute einen Schauder nach dem anderen über den Rücken. Die Schriftstellerin war eine Siamkatzenfreundin und baute wie viele andere Autoren ihre samtpfotigen Lebensgefährten in ihre Romane ein.

Der Menschen tötende Kater Ming teilte allerdings nicht ihr Leben, sondern trieb nur in ihrer Phantasie auf literarischen Spuren sein Unwesen. Ihrem Kater Spider widmete sie sogar ein Buch: »Meinem lieben Spider [...] der mich fast durch das ganze Buch begleitete.«

Die Schriftstellerin Doris Lessing wuchs in Afrika mit Wild- und Hauskatzen auf. Ihr Verhältnis zu den Tieren ist eher ein frauenuntypisches, schätzt sie doch Eigenschaften wie deren Anhänglichkeit und Zärtlichkeit im Gegensatz zu vielen anderen Frauen gar nicht. Trotzdem waren ihr Katzen stets so wichtig, dass sie mit Isolde Ohlbaum ein ganzes *Katzenbuch* zusammengestellt hat, in dem sie über ihre Erfahrungen mit den Vierbeinern berichtet. Lessing schätzt eher die völlige Unabhängigkeit von Katzen und zeigt sich bei zu viel Nähe irritiert: »Das Leben einer Stadtkatze ist so unnatürlich, dass sie niemals die Unabhängigkeit entwickelt, die eine Landkatze hat. Es störte mich, dass sie auf die Heimkehr des Menschen wartet – wie ein Hund; dass sie im selben Zimmer sein wollte und Aufmerksamkeit verlangte – wie ein Hund.« Trotzdem verband Lessing eine besondere Beziehung mit Katzen. Sie begleitete zum Beispiel mitfühlend den Tod einer kleinen schwarzen Katze: »Sie verweigerte nicht das Angebotene: Sie war einfach darüber hinaus. Nahrung war etwas, das sie hinter sich gelassen hatte. Sie wollte nicht ins Leben zurück, sie wollte nicht.«

Rita Mae Brown schreibt Frauenromane, doch nicht die unter diesem Begriff meist verstandene schnulzige Variante. Ihre Bücher strotzen vor weiblicher Stärke und Leidenschaft, aber auch vor einer besonderen Art Humor. Zahlreiche Kriminalromane verfasste sie nach eigener Aussage gemeinsam mit ihrer vierbeinigen schnurrenden Co-Autorin Sneaky Pie Brown, wobei sie in Interviews betont, dass eigentlich die Katze schreibe und sie nur ein wenig im Hintergrund tätig sei. Dies mag wohl stimmen, wenn man die Unterschiedlichkeit ihrer Romane und ihrer Krimis betrachtet, wobei ein ähnlicher Stil jedoch unverkennbar ist. Er liegt, nehmen wir diese Aussagen einmal für bare Münze, vermutlich darin begründet, dass Frau und Katze sich nach Jahren des Zusammenlebens, stark aneinander angleichen.

Mit Büchern wie *Jacke wie Hose*, in deren Mittelpunkt schillernde und witzige Frauenfiguren stehen, machte Brown sich in der ganzen Welt einen Namen als eine Autorin, die das Wesen von Frauen versteht und ihm auf sensibelste Art und Weise Gestalt gibt.

Rita Mae Brown wurde 1944 in Hanover, Pennsylvania, geboren und wuchs in ärmlichen Verhältnissen auf. Nachdem sie wegen ihres Engagements für die Bürgerrechts- und die Lesbenbewegung gezwungen worden war, die Universität von Florida zu verlassen, studierte sie in New York Kunst und setzte sich allen Widrigkeiten zum Trotz durch.

In ihren Büchern wird deutlich, was ihr letztendlich wichtig ist: Die vernünftige, herzliche und fröhliche Beziehung unter Menschen und zwischen Mensch und Tier. Das Verhältnis zwischen ihrer Protagonistin Harry und den tierischen Hauptfiguren – den Katzen Miss Murphy und Pewter oder dem Hund Tee Tucker – werden bestimmt von Rücksichtnahme, zärtlichem Verständnis für die Schwächen des anderen, Fürsorge ohne Dominanz und einer tiefen Liebe, die frei von Kitsch beschrieben wird.

Mitgefühl ist nach Ansicht von Rita Mae Brown unentbehrlich im Leben: »Ich kann Menschen nicht ertragen, die kein Empfinden für Tiere haben. Ansonsten nehme ich Menschen, wie sie sind. Ich sehe sie nicht als perfekte Katzen, ich halte es mit dem Satz von Sartre: ›Die Hölle, das sind die anderen.‹«

Heute lebt und arbeitet Brown mit der Tigerkatze Sneaky Pie Brown, die, 1982 geboren, heute doch schon recht betagt sein muss, auf einer Farm in Charlottesville in Virginia. Sneaky ist im übrigen nicht nur eine gute Kriminalautorin, die wesensbedingt eine gewisse Mordlust nicht ganz verbergen kann und hin und wieder ein wenig an die Krimifigur Miss Marple erinnert. Für alle Katzen, denen der Alltag nur im Haus zu langweilig ist, hat Sneaky Pie alias Rita Mae Brown zahlreiche Katzenminze-Spielsachen entwickelt, die bei American Artists in Charlottesville zu bestellen sind. Es bleibt zu hoffen, dass Sneaky Pie Brown eine würdige Nachfolgerin erwählt, bevor sie einmal in die ewigen Jagdgründe eingeht. Ihre Katzenfreundin Pewter wird es wohl nicht sein, dafür ist sie einfach zu gemütlich veranlagt.

Auch in Deutschland gibt es eine sehr bekannte und vielseitige Katzenfreundin. Die Schriftstellerin Elke Heidenreich hat Katzenfans bereits durch mehrere Katzenkrimis begeistert. Ohne diese Tiere kann sie einfach nicht leben: »Aber ohne euch – keine Haare auf den Polstern, keine Tierarztfahrten, keine unbequemen Nächte und überhaupt [...] ohne euch [...] kein Schnurren, keine Anmut, kein zartes Maunzen, wenn ich nach Hause komme, kein Reiben an meinem Bein, kein Zusammenrollen auf meinem Schoß [...] ohne euch – unvorstellbar!«

Von Sarah Bernhardt bis Anna Magnani: Schauspielerinnen

Großen Ruhm erlangte die französische Schauspielerin und Katzenfreundin Sarah Bernhardt, vor der sich sogar der Prinz von Wales, der spätere König Eduard VII., verbeugte. Doch das ausschweifende Leben ihres Sohnes am Spieltisch trieb sie – um diesen vor dem Ruin zu bewahren – zu immer neuen Attraktionen, mit denen sie ihr Publikum begeisterte. So ist in einer Biografie zu lesen: »Sarah wird zum größten Reklamegenie ihrer Zeit: Im roten Fesselballon schwebt sie über Paris [...] in Amerika schläft sie in einem Sarg, zum Entzücken des ebenso geschäftstüchtigen Zirkusdirektor Barum. Sie scheut sich nicht, die Verfasserin des Pamphlets ›Memoiren der Sarah Barum‹ [...] mit der Reitpeitsche zu bearbeiten. Als ›Kameliendame‹, als ›Herzog von Reichstadt‹ bezaubert sie Europa, Amerika und Australien; noch als Siebzigjährige spielt sie glaubhaft die Mädchenrolle der ›Heiligen Johanna‹.« Als Ausgleich werden ihr in ihrem bewegten Leben wohl Samtpfoten gedient haben, wobei sie insbesondere ihren Panther liebte, mit dem sie großes Aufsehen erregte, wenn sie mit ihm im Bois de Boulogne spazieren ging.

Dressuren mit Katzen sieht man im Zirkus eher selten. Dies liegt zum einen daran, dass das Publikum meist atemberaubendere Attraktionen erwartet als zum Beispiel den Drahtseilakt eines Haustiers. Darüber hinaus bereiten Katzen, selbst wenn sie gut trainiert sind, ihrem Dompteur durch ihre Eigenwilligkeit und dadurch, dass sie sich schnell ablenken lassen, immer wieder Überraschungen, die den reibungslosen Ablauf einer Show stören können. Dennoch hat die Niederländerin Maria Uyterlinde, Tochter des Tierlehrers Jos Uyterlinde, im Zirkus »Maus«, dem wohl kleinsten Zirkus der Welt, eine Vorführung einstudiert, bei der die Siamkatze Minni mit zwei Ratten namens Hermine und Agathe vor dem Publikum auftritt. Die Darbietungen dauern allerdings nur wenige Minuten, da Minni, wenn sie die Lust am »Spiel« verliert, sich schlichtweg weigert, das zu tun, was Maria ihr gebietet.

Beim einem der Gala-Abende mit dem Titel »Stars in der Manege« machte übrigens Juliette Greco als Katzendompteuse Furore, indem sie dem Publikum die Katzennummer »Nicolicis Tiere« darbot.

Auch die Schauspielerin Sophia Loren, die die Zuschauer nicht nur durch ihre schönen, mit Kajalstift umrandeten Katzenaugen fasziniert, gilt als große Katzenfreundin.

Die amerikanische Schauspielerin Drew Berrymore liebte ihre Katze so sehr, dass sie selbst nach ihrem Tod mit ihr verbunden sein wollte. So ordnete sie an: »Wenn ich vor meiner Katze sterbe, soll meine Asche in ihr Futter gemischt werden – damit ich in ihr weiterlebe.«

In vielen südlichen Ländern wird von staatlicher Seite aus kaum Tierschutz betrieben. Hier liegt die Aufgabe, sich um notleidende Tiere zu kümmern, fast immer in den Händen von Privatleuten, sprich von Frauen. Auf Ibiza gibt es eine Gruppe deutscher und niederländischer Frauen, die sich um die medizinische Versorgung, Fütterung und auch Vermittlung herrenloser Katzen und Hunde bemühen. Unterstützt wird dieses Projekt von zwei deutschen Tierärztinnen.

Stellvertretend für all die Frauen, die sich in ihrer Freizeit um die Tiere kümmern, die keine Lobby haben, soll hier die Schauspielerin Anna Magnani, die in Rom lebte und sich nicht nur als Schauspielerin, sondern ebenso als große Katzenfreundin freilebender, herrenloser Miezen einen Namen gemacht hat, Erwähnung finden. Ihrem Einsatz ist es zu verdanken, dass den Katzen in einer ehemaligen Tempelanlage und heutigen Ausgrabungsstätte in Rom noch heute regelmäßig Futter und medizinische Versorgung zukommt. Unterstützt wurde sie bei ihrer Arbeit maßgeblich von den Kolleginnen Silvia Viviani und Lia Dequel sowie etlichen namenlosen Katzenfreundinnen, die wie alle im Tier- bzw. Katzenschutz rund um den Globus ihr ganzes Mitgefühl und ebenso ihre meist recht geringen finanziellen Mittel den Katzen zugute kommen lassen.

Von Rosina Wachtmeister bis Anita Janosova: Malerinnen

In der Literatur finden sich zahlreiche Maler, die Katzen abgebildet haben, darunter Louis Wain, Paul Gauguin oder Théophile Alexandre Steinlen. Doch auch Frauen haben Katzen gemalt, so auch die Französin Niki de St. Phalle oder die Österreicherin Rosina Wachtmeister.

Die 1939 in Wien geborene Rosina Wachtmeister lebt heute – nachdem sie eine Weile in Brasilien heimisch war – in einem kleinen italienischen Dorf in der Nähe von Rom. In vielen ihrer fröhlich stimmenden Werke stehen Katzen im Mittelpunkt.

Eine große Katzenliebhaberin muss auch die niederländische Malerin Henriette Ronner-Knip gewesen sein. 1821 geboren, gehörte sie der bis ins 17. Jahrhundert zurückreichenden Künstlerfamilie Knipp an. Ab 1870 widmete sie sich ausschließlich der Katzenmalerei. In ihren romantischen Gemälden wirken die dargestellten Katzen »niedlich« und possierlich. Sie verstand es, das verspielte Wesen und das typische Verhalten von Katzenmüttern und ihren Jungen darzustellen.

Lesley Fotherby, 1946 geboren, ist durch Katzengemälde berühmt geworden, die sich durch eine große Detailtreue auszeichnen. Die englische Künstlerin studierte Textil- und Modedesign und ist examinierte Lehrerin. Ihre Zuneigung zu Katzen und zur Natur wird in ihren Bildern deutlich.

Auch bei der amerikanischen Künstlerin Anita Janosova kann man aufgrund ihrer großflächigen, farbgewaltigen und detaillierten Stimmungsbilder, in denen sie sich nicht nur dem Thema Katze widmet, sondern auch feministische Themen verarbeitet, davon ausgehen, dass ihr Katzen, auch Großkatzen, besonders nahe stehen.

Anita Janosova studierte in Chicago, Philadelphia und Italien. Sie arbeitet viel mit Archetypen und Konzeptionen nach den Theorien C.G. Jungs. Bilder wie die »Träumende«, auf dem eine vor sich hin träumende Frau mit einer zu ihren Füßen entspannt dösenden Katze zu sehen ist, strahlen viel Sinnlichkeit aus.

Sinnliches und Übersinnliches

Wenn Frauen von ihrer Katze träumen

Frauen träumen häufiger von ihrer Katze, als man gemeinhin annimmt. In der allgemeinen Traumdeutung gelten Katzenträume als positive oder negative Vorboten für bestimmte Ereignisse, je nach Einstellung des Deuters und abhängig davon, ob er Katzen wohl gesonnen ist oder nicht. Lassen wir einmal beiseite, was die – meist männlichen – Traumdeuter für Traumdeutungen so parat haben. Viel interessanter ist, was Frauen selbst von ihren Katzenträumen halten und wie sie sie interpretieren.

So erzählte mir Charlotte, die eine Siamkatze hat, von Katzenträumen, die immer wiederkehren: »Hin und wieder träume ich davon, mit meiner Katze durch die Gärten zu streifen. Das ist phantastisch, weil ich in diesen Träumen meine Umwelt aus einer ganz anderen Perspektive erlebe. Ich bin dann viel kleiner, sehe alles aus einer anderen Höhe, aber viel intensiver. Ich bin schnell und geschmeidig, äußerst beweglich, und ich höre viel besser. Manchmal habe ich in diesen Träumen Angst, wenn ich mich zu weit vom Haus entferne, fürchte mich davor, nicht nach Hause zurückzufinden. Ein anderes Mal fühle ich mich von allen Zwängen befreit, stark und mutig. Ich schreibe diese Träume manchmal in ein kleines Heft und lese sie dann abends in Ruhe nach. Diese Träume haben mir die Möglichkeit geboten, mich mit mir, mit meinem inneren Selbst und mit meinen verborgenen Wünschen und Hoffnungen auseinander zu setzen.«

In vielen solcher Träume geben Frauen sich in Katzengestalt selbst die Möglichkeit, sich in einer Phantasiewelt zu bewegen, und schlüpfen dabei förmlich in deren Pelz. Plötzlich ist eine Frau leichtfüßig, gewandt und schnell. Manchmal ist sie auch aggressiv, scheinbar böse und wehrhaft. In anderen Träumen erscheint die Katze als Wunschbild des eigenen Selbst.

»Dadurch, dass ich in meinen Träumen manchmal eine Katze bin, habe ich begriffen, dass ich nicht nur ein denkender, durch seinen Verstand bestimmter Mensch bin, sondern dass in mir auch etwas Animalisches, etwas Wildes steckt, dass ich ansonsten so schnell nicht wahrgenommen hätte. Wenn ich mich eingeengt fühle oder keine Lösung für ein Problem finden kann, versuche ich in Wachträumen ein Tier, meist eine Katze zu sein. Ich lasse mich dann treiben, bemühe mich, meinen Verstand außen vor zu lassen und nur zu fühlen. Manchmal finde ich so eine Lösung. Wenn nicht, hilft mir diese Gedankenreise auf jeden Fall, mich so zu entspannen, dass ich wieder rational ein Problem angehen kann.« Dies sagt Brigitte, die ihr Leben mit zwei Hauskatzen teilt.

Insbesondere Frauen, die sich in einer Phase der Identitätssuche befinden, entwickeln im Traum die Möglichkeit, so zu sein, wie sie es sich wünschen. Die Katze kann im Traum auch die Rolle eines anderen, der Frau nahe stehenden Menschen einnehmen.

Für Frauen kann es äußerst spannend sein, ihre Katzenträume zu notieren, um sie später zu interpretieren. Das Ganze sollte jedoch nicht zu einer zwanghaften Tätigkeit ausarten, sondern eher als Spaß verstanden werden und als Schlüssel zum eigenen Seelenleben dienen.

Die mittelalterlichen Traumdeuter des Orients glaubten, dass es auf eine bevorstehende Krankheit hindeuten würde, wenn eine Katze sich im Traum kratzte. Das Miauen einer Katze sollte Symbol dafür sein, dass dem Träumenden ein ruhiges Jahr bevorstand. Zerriss die Katze etwas, so vermutete man darin einen Hinweis auf einen Dieb im Haus. Das Kratzen und Beißen der Katze im Traum wies darauf hin, dass man einen Diener beschäftigte, der einen alsbald hintergehen würde.

Auch galt die Katze im Traum als Sinnbild für eine verräterische Frau: »Eine Frau kam zu dem Traumdeuter Ibn Sirin und sagte: ›Ich habe von einer Katze geträumt, die ihren Kopf in den Bauch meines Mannes steckte und ein Stückchen davon mitnahm.‹ Ibn Sirin sagte: ›Deinem Mann sind 316 Dirhem gestohlen worden.‹ Sie sagte: ›Du hast Recht, aber woher weißt du das?‹ Er sagte: ›Mit der Buchstabenzählung hat das Wort *sinnauer*, ›Katze‹, den Zahlenwert von 316.‹ Sie verdächtigten einen ihrer Sklaven und schlugen ihn; da gestand er den Diebstahl.«

Frau, Katze und »la luna«

Die Mondrhythmen nehmen Einfluss auf alles Leben auf der Erde. Schon Charles Darwin stellte fest: »Der Mensch ist gleich den Säugetieren, Vögeln und sogar Insekten jenem geheimnisvollen Gesetz unterworfen, wonach gewisse Prozesse wie Schwangerschaft, Pflanzenwachstum und Reife, Dauer verschiedener Krankheiten von den Mondperioden abhängig sind.« Über Jahrtausende lebten die Menschen in Harmonie mit den vielfältigen Rhythmen der Natur und wussten auch über die Impulse des Mondes Bescheid.

Bei vielen Völkern ist der Mond weiblicher Natur, zum Beispiel als *la luna*. Die Katze steht als Totemtier im Zeichen des Mondes bzw. der Mondgöttin. »Als die Katze zum primären Tier des Mondes wurde«, so Barbara G. Walker, »war der bzw. die traditionelle Vertraute der Hexen Greymalkin oder Grimalkin, eine graue Katze.« Wer mit Katzen sein Leben teilt, kann beobachten und vor allem hören, wie stark Katzen auf den Mondrhythmus reagieren. Das ohrenbetäubende Geschrei, mit denen die Tiere in Vollmondnächten ihre Frauchen oder Herrchen aus ihren Träumen schrecken lassen, ist weniger auf das Anheulen des Mondes zurückzuführen. Es steht vielmehr mit der gerade zu dieser Zeit gehäuft vorkommenden Paarungsbereitschaft bzw. mit der Paarung der Katzen in Zusammenhang. Dabei sind dann auch lautstarke Auseinandersetzungen zwischen rivalisierenden Katern zu verstehen, die um ein Weibchen kämpfen.

Außerdem gebären Katzen ihre Jungen häufig bei Vollmond. Daher ging man früher davon aus, dass Katzen nach 56 Tagen Trächtigkeit ihre Jungen bekommen. Richtig ist jedoch, dass sie ihre Kleinen 63 bis 67 Tage nach der Paarung zur Welt bringen.

Zahlreiche Hebammen bestätigen, dass sie gerade in Vollmondnächten Sonderschichten im Kreißsaal einlegen müssen, weil zu dieser Zeit erheblich mehr Menschenkinder das Licht der Welt erblicken als in anderen Mondphasen. Wenn der Mond die Gezeiten, als Ebbe und Flut, beeinflusst, warum dann nicht auch das Leben all der Wesen, die zu sechzig Prozent aus Wasser bestehen?

Wetterkatzen, Hexengeflüster und ein wenig Aberglaube

Etliche Frauen sind wetterfühlig, wie man so schön sagt, was nicht bedeuten muss, dass sie über zu warmes oder zu kaltes Klima lamentieren, ständig unter Migräne leiden oder Kreislaufbeschwerden haben, sondern dass sie körperliche Veränderungen je nach Klimalage zum guten oder schlechten Befinden hin wahrnehmen.

In Savoyen in den französischen Alpen und in den angrenzenden Gebieten glaubte man einen Menschen mit Neigung zum Hexenwesen schon in zartester Jugend an seinen »Katzenanlagen« erkennen zu können, so Sergius Golowin: »Er ist wetterempfindlich, seine Haare sprühen bei Unwetter oder beim Kämmen Funken, er kann im Finsteren besser sehen als seine Zeitgenossen.« Gemeinhin ist man der Ansicht, dass Frauen wetterfühliger sind als Männer, und für diese Eigenschaft sind auch Katzen bekannt. So ist auch Ulrich Klever der Meinung: »Katzen sind wetterfühlig: ein weiterer Beweis für ihren Strahlungssinn. Denn Wetteränderungen sind Änderungen der elektrischen Felder, mit Entladungen, bei denen langwellige elektromagnetische Strahlungen freigesetzt werden, lange vor jeder

Luftdruckänderung. Katzen reagieren darauf durch ein individuell atypisches Verhalten, wie der Wiener Tierarzt Dr. Ferdinand Brunner konstatierte. An heißen, schwülen Tagen (den so genannten Hundstagen) sind Katzen abwehrbereiter bei tierärztlichen Behandlungen; bei relativ harmlosen Eingriffen können sie durch die notwendigen Zwangsmaßnahmen einen tödlichen Schock erleiden.« Golowin berichtet, seine Großmutter habe geglaubt, dass die Begriffe »Blitz, Katze und Hexe« untrennbar miteinander verbunden sind, wobei wohl der Glaube dahinter gestanden hat, dass Hexen das Wetter anrufen und dabei ein Gewitter herbeizuzaubern in der Lage sein könnten. Daher stammt vermutlich der Ausdruck »Gewitterhexe«.

Insbesondere Katzen, denen der Freilauf gestattet ist, kommen kurz bevor ein Gewitter zu erwarten ist, schnell nach Hause gerannt und wollen dann unter keinen Umständen mehr hinausgehen. Gleichzeitig kann man beobachten, dass die Tiere unruhig werden und im Haus nervös hin und her »tigern«.

Da die oft als »weise Frauen« bezeichneten Hebammen sowie Heil- und Kräuterexpertinnen früher meist mit Katzen zusammenlebten, erkannten sie vermutlich am Verhalten der Tiere und durch ihre eigene Vertautheit mit den Signalen der Natur, dass schlechtes Wetter bevorstand. So war es einigen unter ihnen sicher auch möglich, dieses Wissen für ihre Zwecke zu nutzen, indem sie gutgläubigen Menschen ihre Macht über das Wetter mittels kleiner Tricks »bewiesen«.

Der Volksglaube an den Einfluss so genannter Hexen auf das Wetter wird in einem alten Puppenspiel aus dem Rheinland deutlich, bei dem sich Hexen des Nachts an einem heiligen Felsen im Wald versammeln und singen: »Meister, erschein aus deiner Kluft! / Es heult der Sturm wohl durch die Luft. / Es treibt das Gewitter in die Kreuz und Quer. / Ach bring einen starken Donner uns her!«

Hexen gibt es bekanntlich auch heute noch. Sie wohnen nicht im Wald in einem Knusperhäuschen versteckt und sind mit Buckel und Warze auf der Nase hässlich anzuschauen, sondern es handelt sich um moderne, weiß magisch arbeitende Frauen. Viele dieser Frauen lieben Katzen wie andere Frauen auch. Vielleicht jedoch streben sie ein wenig bewusster an, glücklich zu sein, und sind der Natur und den Energien, die uns zur Verfügung stehen, gegebenenfalls mehr verbunden als andere.

Die Wahrsagerin Maria lebt mit sieben Katzen zusammen und ist der Ansicht, dass sie ohne diese niemals so gut in die Zukunft schauen könnte. Zudem ist sie der Meinung, dass ihre Katzen ihr als eine Art Orakel dienen. »Durch die vielen Jahre, in denen ich hilfesuchenden Menschen versuche, mögliche zu gehende Wege und deren Konsequenzen in ihrer Zukunft zu erklären, waren mir meine Katzen äußerst gute Ratgeber. Besonders Frieda, eine schwarze Hauskatze, verfügt über außerordentliche Antennen. Mit ihrer stark ausgeprägten Sensibilität vermittelt sie mir durch ihr Verhalten meinem Besucher gegenüber und mittels einfacher Gedankenbilder, wen ich vor mir habe. Die Menschen können ja einfache Dinge nicht glauben und benötigen für alles einen Beweis. Ich kann sie von meinen Fähigkeiten schnell überzeugen, wenn ich schon ohne in die Karten zu schauen, meinen Besuchern sage, warum sie den Weg zu mir gewählt haben. Dabei lassen sich meine Menschenkenntnis und Friedas Instinkt hervorragend miteinander kombinieren.«

Für Schamanen sind Tiere im Allgemeinen, auch Totemtiere, Gefährten der Macht. »Menschen mit mehr oder weniger ungebrochener schamanischer Tradition vertreten auch heute noch gern die Auffassung, dass jeder Mensch, ebenso wie er vielleicht mit bestimmten Begabungen geboren wird – zum Beispiel mit einer guten Stimme, dem Talent zur Malerei oder Bildhauerei oder einer besonderen Sprachbegabung –, auch einen von Geburt an mit ihm verbundenen Schutzgeist besitzt.

Im Allgemeinen wird dabei von einem Totemtier gesprochen. Es wirkt als Beschützer und Führer sowohl in den inneren Reichen als auch in der psychischen Welt und kann die Gestalt eines unsichtbaren Gefährten, eines Tieres, Vogels oder Fisches annehmen«, erklärt John Matthews. Kinder haben oftmals einen imaginierten und für die Erwachsenen unsichtbaren Gefährten und Begleiter, mit dem sie Abenteuer erleben, der ihnen als Gewissen dient und sie vor Gefahren schützt. Wenn sie ihren Eltern davon erzählen, müssen sie schnell feststellen, dass diese belustigt reagieren oder ihnen rational verdeutlichen wollen, dass es keine solche Wesen gibt. Schamanen vergleichen diesen Gefährten oftmals mit einem Totemtier.

Erwachsene sollen sich darin üben können, ihr tief im Inneren verborgenes Totemtier wieder zu finden, wobei sie sich dieses nicht selbst aussuchen, sondern ihm zugehörig sind. Das Totemtier soll den Menschen als Individuum versinnbildlichen oder ihn einer Gruppe von Tieren, zum Beispiel Katzen, zuordnen. Zusätzlich zum Totemtier glauben Schamanen an Zaubertiere, die in schwierigen Situationen, zu deren Bewältigung mehr als nur einfache menschliche Fähigkeiten notwendig sind, zu Hilfe gerufen werden. »Es gab eine Zeit, in der Menschen- und Tierreich enger miteinander verbunden waren als heute. Es war auch mehr Kommunikation zwischen diesen Reichen möglich (dasselbe gilt, nebenbei gesagt, auch für die Menschen und die Wesen der jenseitigen Welt), allmählich jedoch wurden die Unterschiede größer und die Kluft zwischen den Reichen weitete sich aus [...] In jedem Fall sollte man bedenken, dass es sich bei diesen Tieren nicht um bloße ›Pappkameraden‹ oder Visualisierungen handelt: Innerhalb ihrer Welt besitzen sie alle Eigenschaften realer Tiere. Die Zaubertiere verfügen über alle Qualitäten ihrer Verwandten in der äußeren Welt und verhalten sich auch so. Der einzige Unterschied besteht darin, dass sie sich mit ihren menschlichen Gefährten weit intensiver und inniger verständigen können, als es auch in der stärksten Herrchen-Haustier-Beziehung der Fall sein könnte. Diese Beziehung ermöglicht es dem Schamanen, Erstaunliches von seinem Tier zu lernen«, meint Matthews.

Im keltischen Mythos der Schamanen ist die Katze als Caoit des Öfteren zu finden, wobei sie ein Wächteramt innehat und die inneren Kräfte des Menschen beschützt. Schamanen rufen sie unter anderem zu sich, wenn sie eine gefährliche Auseinandersetzung erwarten, weil die Wildheit der Katze diesbezüglich hilfreich sein kann.

Matthews beschreibt einen keltischen Mythos, in dem die Katze als »wechselseitiges Wesen« dargestellt wird: Mal tritt sie als freundlich-verspielte Schmusekatze auf, mal als äußerst wehrhaftes Wesen. In der Geschichte treffen Reisende auf ein junges Kätzchen, das anscheinend unschuldig auf vier Säulen hin- und herspringt. Als einer der Reisenden einen Schatz, der in der Nähe verborgen liegt, zu stehlen versucht, verwandelt sich die Katze in einen feurigen Pfeil und verbrennt den Dieb zu Asche.

Was den »hexischen« Nutzen der Katze angeht, so genügt mir persönlich der gute alte Aberglaube: Wenn mein Schornsteinfeger einmal im Jahr nach dem Kamin sieht, schüttele ich ihm die Hand, weil das bekanntlich Glück bringen soll. Er achtet seinerseits darauf, dass mein schwarzer Kater ihm nur von rechts nach links über den Weg läuft. Denn wie heißt es doch so schön: »Von links nach rechts bringt's Pech« und »Von rechts nach links, Glück bring's«.

Katzen bringen Frauen Glück

Amulette mit Katzendarstellungen dienten bereits im Ägypten des Altertums als Schutzsymbole. In anderen Ländern glaubten Menschen daran, dass ihnen Gutes widerfahren würde, wenn sie sich gut mit den Katzen stellten. Als Mittel gegen Kindesentführung hängten arabische Frauen ihren Kindern einen Katzenzahn an einem Band um den Hals. Sie waren der Ansicht, dass so die Dschinnen, also die bösen Geister oder Dämonen, ihren Sprösslingen nicht gefährlich werden könnten.

Die Frauen der Stadt Aden im heutigen Jemen glaubten, die Katzen seien Schutzpatroninnen der Stadt Al-Aidarus und sie hätten die Gabe, sich in Dschinnen zu verwandeln. Sie brachten den Katzen zahlreiche Leckereien, um sich mit ihnen gut zu stellen und sie nicht zu verärgern.

Nun muss man nicht unbedingt abergläubisch sein, um zu wissen, dass sich das Zusammensein mit einer Katze meist glückbringend auswirkt. Denn jede Frau, die spürt, dass sie geliebt wird, fühlt sich schlicht und ergreifend erst einmal glücklich und stark. Wer geliebt wird, ob von einem Menschen oder von einem Tier, kann die Hürden und Prüfungen des Lebens viel einfacher bestehen. Und wer liebt uns schon so bedingungslos wie unsere Katze.

Manchmal genügt aber die Liebe der Katze nicht zum Glücklichsein, zum Beispiel wenn man sich in einer anscheinend ausweglosen Situation befindet. Dann kann es jedoch hilfreich sein, zumindest in Gedanken die Katze helfen zu lassen.

Die folgende Geschichte können Sie als Phantasiereise nutzen. Lesen Sie sich diese laut vor, oder nehmen Sie sich selbst auf Tonband auf. Vielleicht verhilft sie – und damit Ihre Katze – Ihnen so zu der Entspannung, die Sie brauchen:

Ich stehe mitten im Wald auf eine grünbunten Blumenwiese, meine Katze begleitet mich. Ich habe keine Furcht, weil sie sich hier auskennt. Ich bin aufmerksam mit all meinen Sinnen im Hier und Jetzt. Ich höre das Zwitschern der Vögel und das leise Rauschen der Bäume. Ich spüre, wie der Wind sich in meinem Haar fängt und das feuchte Gras sich zwischen meine Zehen drängt. Ich gehe geschmeidig und ruhig begleitet von ... (Name Ihrer Katze) weiter, schaue nach vorn und sehe eine Pforte, die so groß ist, wie ich nie zuvor eine gesehen habe.

Ich schreite durch dieses Tor, und eine nie zuvor gesehene Welt öffnet sich vor mir. Farben, die tief in mein Inneres dringen, scheinen wie Sonnenstrahlen und wärmen mich. Das Schnurren meiner Katze verbindet sich mit einer Musik, wie ich sie schöner nie hörte.

Ich gehe weiter und sehe einen Spiegel. Wir beide schauen hinein und sehen weit über diese Welt hinaus in eine andere Welt voller Frohsinn. In der Ferne leuchtet die Erfüllung meiner Sehnsüchte. Wir verweilen hier bis ... (Name der Katze) mich anschaut und mir bedeutet, mich nun umzudrehen und den Weg zurückzugehen.

Dieses Licht im Spiegel gibt mir Kraft und Stärke. Glücklich wende ich den Blick vom Spiegel ab, drehe mich um und gehe auf die Pforte zu, ... (Name der Katze) schnurrt an meiner Seite. Ich fühle mich von ihr begleitet und sicher. Ich öffne die Pforte, schreite hindurch und bin schon wieder auf der wunderschönen Wiese. Sie ist immer noch von Licht erfüllt, es fließt weich um mich herum, und ich kehre mit ... (Name der Katze) zurück ins Jetzt.

Ich atme tief durch, lasse den Atem fließen, höre das Schnurren meiner Katze im Einklang mit meinem Atem-Rhythmus und fühle mich leicht, beschwingt und gelassen. Ich spüre eine tiefe innere Ruhe.

Eine Geschichte wie diese, bei der Sie sich auf eine innere Wanderung begeben, soll Ihnen nur als Beispiel dafür dienen, wie man der Welt kurzzeitig entfliehen kann, ohne sich selbst zu verlieren, sondern eher um sich zu finden. Sie können eine solche Geschichte auch selbst für sich entwickeln. Betrachten Sie Ihre Katze dabei als Ihre Glücksbringerin und als Entspannungshilfe. Natürlich können Sie zahlreiche Abenteuer, die Ihnen helfen, einen neuen Horizont zu gewinnen, auch ohne Ihre Mieze erleben. Tun Sie es so, wie es Ihnen am schönsten erscheint. Katzen können sich auf solchen Pfaden ins eigene Selbst als angenehme gedankliche Begleiterinnen erweisen.

Wenn Ihnen solche etwas spirituellen Dinge schlichtweg zu fremd oder zu dumm vorkommen, hier ein ganz pragmatischer Vorschlag für eine Entspannung bzw. Problemlösung mit Katze: Machen Sie sich einfach einen netten Abend mit Ihrer Mieze, kaufen Sie ihr »Lieblingsfresschen« und sich selbst eine wirklich gute Flasche Schampus und eine Dose Kaviar oder, wenn Sie es eher einfacher lieben, ein oder zwei Flaschen Bier und eine Tüte herrlich fettiger Chips, es gehen auch ein paar Pralinen, sehen sich einen Liebesfilm im Fernsehen an, bei dem Sie Rotz und

Wasser heulen oder gönnen Sie sich etwas, wobei Sie vor Lachen fast vom Sofa fallen, oder nehmen Sie ein richtig teures Schaumbad, wobei Ihre Mieze mit den Schaumwölkchen oder Ihrem Zeh, der aus diesen herausragt, spielen darf, oder tun Sie all dies gleichzeitig ... Die Hauptsache ist, Sie verwöhnen sich, und tun sich und Ihrer Mieze etwas wirklich außergewöhnlich Gutes. Sie werden schnell merken, dass Ihre Mieze eine echte Glücksbringerin ist, auch ohne Aberglauben.

So kam die Frau zur Katze

Der Katze ist es als einzigem Haustier gelungen, die Menschen, mit denen sie einen vertrauten Umgang pflegte, zu domestizieren.

P. Rousselet-Blanc

Als die Katze sich selbst domestizierte: Katzenkult im Altertum

Frauen galten in den meisten Kulturen durch die Jahrtausende hindurch als Hüterinnen von Heim und Herd. Daher liegt auf der Hand, dass eher sie als die Männer dazu beitrugen, Katzen als Haustiere zu domestizieren. Die Geschichtsliteratur vertritt jedoch recht unterschiedliche Ansichten über die Verbreitung und Rolle der Katze. Die Stimmen bezüglich der Beliebtheit der kleinen Jäger, wie der nubischen oder afrikanischen Falbkatze, die im oberen Nildelta heimisch waren, weichen teilweise stark voneinander ab. Zudem finden sich Unterschiede bezüglich der Göttinnen und Götter, die der Katze zugeordnet werden.

Besonders in der Zeit zwischen etwa 4000 v. Chr. und 100 v. Chr. war die Katze als Nutztier weit verbreitet. Sie schloss sich vermutlich den Menschen an, weil in deren Nähe das Nahrungsangebot größer und leichter erreichbar war als die Beute in der freien Natur. Die vierbeinigen Gefährten hielten die Kornkammern und auch die Küchen frei von Nagern und Schlangen.

Aus dieser Nutzgemeinschaft entwickelte sich später eine Mensch-Tier-Beziehung voller Verehrung und auch Liebe. Die

Ägypter waren der Ansicht, dass in den Katzen, die sie verehrten, die Seelen all der viel gepriesenen Tiere weiterlebten. Daher sollte sich im Blick der Katze spiegeln, dass tausend Seelen und Geister in ihr wohnen.

In den oberen Gesellschaftsschichten wurde eine Selektion unter den Tieren betrieben, die sich jedoch von unserer heutigen Katzenzucht stark unterschied. In den Katzenwürfen gab es wie heute auch zahmere und wildere Exemplare. Die anschmiegsameren und freundlicheren wurden für das Zusammenleben als die besseren Haustiere betrachtet. Vermutlich auch aus diesem Grund wurde, war eine Katze rollig, ein passender Kater ausgewählt. Dieser wird ebenfalls nicht nur nach optischen Gesichtspunkten, sondern zudem nach bestimmten Wesensmerkmalen ausgesucht worden sein. Es handelte sich hierbei vermutlich um erste Formen der Auslese, mit der sich wie gesagt aber wohl nur die Privilegierten beschäftigten.

Die direkte Auswahl der Katzen trafen aller Wahrscheinlichkeit nach die Hausherrinnen, weil die Friedfertigkeit der Katzen ihnen garantierte, dass ihre Kinder weder gebissen noch gekratzt wurden.

Das Zusammenleben mit Katzen sicherte einem Land wie Ägypten, das immer wieder von Naturkatastrophen heimgesucht wurde, das Überleben. Denn bei den wechselhaften klimatischen Bedingungen war es in guten Jahren absolut notwendig, Vorräte für die mageren Jahre anzulegen. Und diese durften nicht den Mäusen und Ratten anheim fallen.

Das Alte Testament berichtet davon, dass die Ägypter einmal den Untergang ihrer Dynastie fürchteten. Wie im 1. Buch Mose (Genesis) in Kapitel 41 berichtet, hat der Pharao einen Traum von sieben fetten und sieben mageren Kühen. Joseph, der von seinen Brüdern nach Ägypten verkauft worden ist, interpretiert den Traum des Herrschers wie folgt: »Sieben reiche Jahre werden kommen in ganz Ägyptenland. Und nach denselben werden sieben Jahre teure Zeit kommen [...] Sammle alle Speise der guten Jahre, die kommen werden, dass sie Getreide aufschütten in Pharaos Kornhäusern zum Vorrat in den Städten und es verwahren, auf dass man Speise verordnet finde dem Lande in den sieben teuren Jahren [...] dass nicht das Land vor Hunger verderbe [...] Und das Land trug in den sieben reichen Jahren die Fülle; und sie sammelten alle Speisen der sieben Jahre [...] und taten sie in die Städte [...] Da nun die sieben reichen Jahre um waren [...] da fingen an die sieben teuren Jahre zu kommen. Und es war eine Teuerung in allen Landen; aber in Ägyptenland war Brot.«

Weil sie diese angelegten Vorräte vor Nagern und sicher auch vor Insekten zu schützen verstand, wird der Katze hier eine spezielle Wertschätzung zugekommen sein. Die Katzen lebten im alten Ägypten zum Teil besser als manche Menschen – was heute übrigens ganz ähnlich ist. Als »Familienmitglieder« und Hüter der Nahrungsvorräte schliefen sie in weichen Betten und sollen sogar, was ihnen weniger behagt haben wird, regelmäßig mit duftenden Essenzen gebadet worden sein. Kranken Katzen kam eine besondere Pflege zu. Starb eine Katze, so hielten ihre Besitzer das gleiche Ritual ab wie beim Tod eines Menschen: Sie rasierten sich zum Zeichen der Trauer die Augenbrauen.

Die verstorbenen Katzen wurden in so genannte heilige Häuser gebracht, dort einbalsamiert, an einem besonderen Festtag in die Stadt Bubastis gebracht und feierlich im Familienkreis bestattet. Bei dieser Zeremonie, zu der Menschen aus allen Teilen Ägyptens mit den Kadavern ihrer Katzen anreisten, schlugen sich die trauernden Frauen und auch die Männern – wie in dieser Kultur üblich – weinend und klagend auf die Brust.

Es ist schwer, den Zeitpunkt zu bestimmen, an dem die Menschen begannen, die Katze als Göttin zu verehren. Von Bubastis ist überliefert, dass sich dort ein unvergleichbarer Katzenkult entwickelte. Hier soll der größte Tempel zu Ehren Bastets gebaut worden sein. Die Göttin Bastet wurde zur Mutter aller Katzen erhoben, die als heiligste Tiere Ägyptens angebetet wurden. Für die Ägypter muss die Katze gleichermaßen ein Symbol für Weiblichkeit und Fruchtbarkeit gewesen sein. So schreibt Barbara G. Walker in *Das geheime Wissen der Frauen*: »Nach Plutarch waren Katzen in das heilige Sistrum der Isis eingeschnitzt und stellten den Mond dar: Ihre Aktivität bei Nacht und die besonderen Umstände, die ihre Fruchtbarkeit begleiteten, machten sie zu einem eigentlichen Sinnbild dieses Himmelskörpers. Denn es wird von diesem Wesen berichtet, dass es zuerst ein Junges, dann zwei, dann drei und immer eins mehr gebiert, bis sieben erreicht sind. Insgesamt bringt sie also achtundzwanzig zur Welt, ganz so, als ob es die verschiedenen Grade der Helligkeit wären, die während des Mondumlaufs erscheinen.«

Die Göttin Bastet und die Katze allgemein galten im Volksglauben als Beschützerinnen der Kinder. Diese und andere Schutzgeister wurden auf kleinen Tafeln aus Elfenbein oder anderen Materialien in Form eines Amuletts als Talisman getragen. Die Beziehung einer Frau zu ihrer Katze oder der des Haushaltes, zu dem sie gehörte, muss recht intensiv gewesen sein, wenn man die Katze nicht nur zur Wächterin der Nahrungsvorräte, sondern auch zur Bewacherin der Kinder erklärte. In der Ersten Dynastie wird die Mondgöttin Bastet noch mit einem Löwenkopf abgebildet. Sie ist die Tochter des Sonnengottes Rah, der sich im Kampf gegen die Schlange der Finsternis in eine Katze verwandelt. Später erscheint Bastet nur noch in Form einer Katze, und ihr werden sanftmütigere Eigenschaften als der Löwin zugesprochen. Die auf Seite 139 abgebildete ägyptische Statuette aus dem 6./4. Jahrhundert v. Chr. zeigt Bastet mit einem Frauenkörper.

»Katzenpriester« hatten die Aufgabe, das Leben der Samtpfoten zu deren völliger Zufriedenheit zu gestalten. Dabei sollten sie selbst sich ähnlich wie Katzen verhalten und beim Tempeldienst ihre Handlungen durch »Munterkeit, zierliche Geschmeidigkeit und anmutige Bewegungen des Körpers« begleiten.

»Die Damen des Gottesharems (chenerut)«, so erklärt der Ägyptologe Christian Jacq, »waren in die Mysterien eingeweiht und hielten sich über einen langen Zeitraum oder auch bis an ihr Lebensende im Inneren eines Tempels auf. Die ägyptische Königin war die Vorsteherin der Damen des Gottesharems, die sich dem Schutz Pharaos, Amuns, Muts, Bastets oder Nephtys –

kurz der meisten Götter und Göttinnen – unterstellten. Von ihnen wurde weder ein zölibatäres Leben noch Jungfräulichkeit gefordert; sie mussten sich vor dem Betreten des Tempels und der Teilnahme an den Riten lediglich mehreren Reinigungen unterziehen.«

Obwohl nicht nur Götter, sondern auch Göttinnen – wie Bastet als Symbol der Fruchtbarkeit – verehrt wurden, soll die Stellung der Frau im alten Ägypten, wie in allen patriarchalen Gesellschaften, eher eine untergeordnete gewesen sein. Diese Ansicht vertritt zumindest ein Teil der Wissenschaftler. Die Ägyptologin Erika Feucht ist der Ansicht, dass die Frauen zwar geachtet waren und ihre rechtliche Stellung nicht durchweg schlecht war. Sie seien aber keinesfalls gleichberechtigt mit Männern gewesen: »Selbst wenn es in Ägypten einen hohen Anteil an weiblichen Gottheiten gab, kann man nicht [...] daraus schließen, dass die Frauen eine hohe gesellschaftliche Stellung innehatten. In allen sozialen Schichten waren Frauen weitgehend von Männern abhängig, wenn sie ihnen gegenüber auch einige Rechte beanspruchen konnten. Doch wie viele von ihnen werden ihre Rechte gekannt, oder gewagt haben, rechtlich gegen einen von ihnen vorzugehen? Sie lebten im Haushalt ihres männlichen Anverwandten, ihres Vaters, Ehemanns, Sohnes oder Bruders. Nur durch die von ihren Eltern, ihrem Ehemann oder ihren Kindern erhaltenen Mittel, in den wenigsten Fällen durch eigenen Erwerb konnten sie Unabhängigkeit erlangen. In weltlichen sowie priesterlichen Berufen standen ihnen nur beschränkte Möglichkeiten offen, und auch in diesen wurden sie weitgehend Männern unterstellt: Leitende Positionen erlangten selbst Mitglieder des Königshauses kaum. Die Frauen der herrschenden Klasse hatten zwar im Verhältnis zum gemeinen Volk einen hohen Status sowohl auf gesellschaftlichem wie auf religiösem Gebiet, die Macht haben sie nur in den seltensten Fällen ausgeübt. Die wenigen Frauen, die Machtpositionen eingenommen haben, verdankten dies ihrer sozialen Einbettung als Ehefrau, Mutter oder Tochter eines Mannes von hohem Rang, und in vielen Fällen übte sie die Macht im Interesse des Mannes (Regenten, Gottesgemahlin) aus. Ausnahmen gab es auch damals wie zu jeder Zeit in von Männern dominierten Gesellschaften.«

Christian Jacq ist jedoch anderer Ansicht: »In Ägypten gab es keine Ungleichheit zwischen Mann und Frau, weder auf der Erde noch im Himmel, weder im Paradies des Jenseits noch im Bereich des Geistes. Auf diesem Gebiet hat die Menschheit später einen gewaltigen Schritt zurück gemacht.« Diese Meinung teilt auch der Ägyptenexperte Friedrich Helck. Seiner Ansicht nach durften Frauen ihren Mann frei wählen und wurden nicht gegen ihren Willen verheiratet. Eine verheiratete Frau war handlungs- und rechtsfähig. Sie konnte über ihren eigenen, den von ihren Eltern geerbten und über den durch eigene Arbeit erworbenen Besitz selbst bestimmen. Man sprach von der Frau als Herrin bzw. als Hausherrin, was mit dem Begriff »Besitzerin« gleichgesetzt werden kann und einen Hinweis darauf gibt, dass ihr das Haus gehörte. Um die Frau innerhalb der Ehe, die als wichtiger Baustein der damaligen Gesellschaft galt, rechtlich abzusichern, wurden Eheverträge abgeschlossen, die die finanziellen Verhältnisse während der Ehe sowie einen Unterhalts- oder Besitzanspruch nach einer Scheidung regelten. Die ägyptische Frau konnte ihre Rechte vor Gericht einklagen. Auch hatte sie die Möglichkeit, sich frei zu bewegen und einem Beruf nachzugehen, und sollte sie eine Ausbildung oder ein Amt anstreben, so wurde ihr dies nicht verwehrt.

So wie der Pharao als Gott verehrt wurde, hatten die Frauen an seiner Seite ebenfalls den Status von Göttinnen. In der zweiten Dynastie sollen sich die Frauen das Recht zur Herrschaft gar in Form eines Gesetzes erkämpft haben. Den größten Einfluss übten sie jedoch als Haupt- und Nebenfrauen ihrer Männer und als Mütter der minderjährigen Söhne aus. Einige bedeutende Herrscherinnen sind uns heute noch mit Namen bekannt: Königin Netokris (ca. 2148–2144 v. Chr.) etwa oder Hatschepsut, eine mächtige Königin, die nach dem Tod ihres Mannes die Führung übernahm und für ihre Handelsexpeditionen und Feldzüge berühmt wurde. Nofretete soll Ägypten durch zahlreiche Reformen beeinflusst haben. Die heute bekannteste Pharaonin war Kleopatra, die es schaffte, Ägypten gegen das Römische Reich zu verteidigen.

Das Schönheitsideal der ägyptischen Oberschicht favorisierte Frauen mit einer schlanken Figur und anmutigen Bewegungen. Die Augen wurden mit breiten Schminkstrichen in Grün und Schwarz umrandet, wodurch sie Katzenaugen ähnlicher wurden. Diese Art des Augenschminkens diente allerdings nicht nur der Verschönerung, sondern stellte auch einen Schutz vor

Augenkrankheiten dar, denn der verwendete Bleiglanz besaß antiseptische Wirkung.

Doch bevor wir uns zu weit von der historischen Verbindung der Frau mit der Katze entfernen, kommen wir zu einem der wichtigsten Punkte in der Geschichte der ägyptischen Frau: Sie galt in ihrer Sexualität als relativ frei. Überhaupt wurde ihr eine eigene Sexualität zugesprochen, was nicht immer und überall auf der Welt der Fall war. Diese positive Einstellung zur gelebten Sexualität wurde vermutlich auch durch die Religion beeinflusst bzw. drückte sich in ihr aus. Schließlich wurde die Katzengöttin Bastet wegen ihrer Fruchtbarkeit verehrt. Die Feste zu Ehren der Bastet werden in der Literatur als fröhlich dargestellt, sie waren mit Musik, ausgelassener Stimmung und sexuellen Riten verbunden.

Die dunkle Seite von Bastet verkörperte die Göttin Sachmet, die Menschen sinnbildlich zerriss und verschlang. »Bei meinem Herzen, wenn ich Menschen töte, freut sich mein Herz«, soll sie von sich selbst gesagt haben. Teje wurde mit der wilden Löwengöttin Sachmet verbunden, wobei ihr zwei Wesenseigenschaften nach dem Vorbild der Löwengöttin nachgesagt wurden: Liebe und Frieden auf der einen, Rachlust auf der anderen Seite.

Durch die Löwengöttin Sachmet und die sanftmütige Göttin Bastet könnten die »zwei Seelen« einer Katze dargestellt worden sein. Möglicherweise nahm Bastet die Rolle der domestizierten und Sachmet die der wilden Katze ein. Im Laufe der ägyptischen Geschichte verschmolzen immer wieder Götter- und Göttinnenbilder miteinander, wobei sich deren Bedeutung veränderte. Auch die Herkunft der einzelnen Gottesgestalten ist dadurch teilweise schwer nachzuvollziehen, und so schreibt Ulrich Klever: »So galt Bastet, als eine Frau von harmonischer Gestalt mit Katzenkopf und einem Korb am rechten Arm, als Tochter *und* Frau des Sonnengottes Rah, aber auch des Gottes aus dem Totenreich Osiris, und ebenso sah man den Mond in ihr. Warum und ob wirklich diese Göttin der Freude und Fruchtbarkeit mit der löwenköpfigen Sachmet, der Kriegsgöttin des Reiches, eine Personalunion einging, ist mit dem Verstand nicht zu erklären. Sehr wahrscheinlich gehörte das zur Priesterpolitik. Das Volk feierte die Katzengöttin in feucht-fröhlichen Schiffsprozessionen mit sexuellen Einlagen, wie es sich einer Fruchtbarkeitsgöttin geziemt.«

Die Katze wurde in Ägypten so sehr verehrt und geschätzt, dass Menschen, die einer Katze etwas Böses antaten, sogar zum Tode verurteilt werden konnten. So erweiterte sich nach und nach der Lebensraum der zahmen Vierbeiner. Römische Legionäre zum Beispiel brachten domestizierte Katzen mit nach Rom.

Unter Kaiser Augustus galt die Katze als Luxustier für wohlhabende Frauen. Zu dieser Zeit kam ihr als Nutztier wenig Bedeutung zu, da zum Ratten- und Mäusefang gezähmte Wiesel und – für den Menschen ungefährliche – Schlangen gehalten wurden. Auch die Phönizier schmuggelten Katzen von Ägypten auf ihren Schiffen mit nach Hause, und die persischen Krieger sollen sie ihren Frauen zum Geschenk gemacht haben.

Zoe, die Frau des Kaisers Konstantin des Großen (373–340 n. Chr.) war eine begeisterte Katzenfreundin. Sie schätzte ihre Katze so sehr, dass diese mit an der kaiserlichen Tafel sitzen und von einem goldenen Teller fressen durfte.

Es wird berichtet, die Frauen in Konstantinopel hätten ihre Katzen genauso gut behandelt wie ihre Kinder. Die Katzen durften sich in öffentlichen Häusern tummeln und auch dort schlafen. Man stelle sich einmal vor, das wäre heute noch so. In Stadtverwaltungen, in Arbeits- und Finanzämtern, im Land- und im Bundestag lägen Katzen gemütlich auf Aktenschränken, Schreibtischen, neben Computern oder auf Rednerpulten. Ob die Arbeitswelt hierdurch nicht entspannter und das Miteinander harmonischer würde?

Der Prophet Mohammed scheint Katzen mehr Respekt gezollt zu haben als den Frauen. »Wenn Mohammed über einige Fragen der Religion Auskunft geben musste«, so heißt es, »schnitt er lieber den Schmuck seines Ärmels ab, auf dem Muezza (seine Lieblingskatze) ruhte, bevor er sich erhob und mit der wartenden Person sprach.« Auch sah er die Katze als reines Wesen an, weil an einem Tage eine Katze in seinem Schoß ihre Jungen gebar und keinen einzigen Fleck auf seinem Gewand hinterließ. Frauen dagegen waren für ihn während ihrer Regel und nach der Niederkunft unreine Geschöpfe. Den weiblichen Zweibeinern ist es nun mal nicht zu Eigen, wenn ich das Ganze mal praktisch betrachten darf, die Nachgeburt zu fressen und sich dann sauber zu schlecken. So ist in dem Werk *Cousin de Mahomet* denn auch zu lesen: »Die türkischen Frauen zeigen für das Gesetz Mohammeds wenig Interesse, sie glauben sich nicht dazu verpflichtet, alles auszuführen, was ihnen ein Mann befiehlt, der ihnen seine Katze vorzieht, indem er sie ins Paradies einlässt, sie aber ausschließt.«

Die junge Frau des Propheten, A'ischa, sah dies wohl ähnlich, als sie in den Verdacht der Untreue geriet: »Alle verließen mich nah und fern – selbst die Katze verließ mich ...« Ein bisschen Diskretion, A'ischa, wäre vielleicht nicht schlecht gewesen, denn dann hätten sie dir wenigstens nicht die Katze genommen.

Frauenfeindlich ist auch der Spruch eines arabischen Satirikers, den ich bei der Orientexpertin Annemarie Schimmel entdeckte: »Ich habe eine Katze, die ist reinlicher als mein Weib, und ihr Hintern ist sauberer als deren Mund.«

Die Katze als Gefährtin der Göttinnen

»Jede Göttin seit alters her, die etwas auf sich hielt«, so schreibt die Germanistin und Prähistorikerin Martina Schäfer ironisch in ihrem Buch *Die magischen Stätten der Frauen*, »beschäftigte sich mit Katzen – lange vor der Thronenden Mächtigen von Çatal Hüyük, die ihr Pantherjunges an die mächtigen Brüste drückte, lange vor den Löwinnen der Altsteinzeit: die Statuette aus dem Lonetal, die Hüterinnen an den Eingängen der französischen Höhlen, die Löwin in Ur und am Portal von Mykene, die geflügelten Löwenbändigerinnen auf den Kratern der Spartaner, Freya, Pjatnitza und Diana auf ihren Katzenwagen. [...] Wahrscheinlich gab es einmal eine Zeit, da waren das Wilde und das Sanfte in einer Gestalt vereint, das Schnelle und das Faule, das Schützende und das Gebärende. All diese Eigenschaften waren der Frau zugeordnet: das Wilde, die heulenden Frühlingsfahrten über alle Himmel und das Behüten der stillsten Plätze in den tiefsten Höhlen der Geburt. Alles in einer Hand, denn die Göttinnen fahren in Wagen, die stets von zwei Katzentieren gezogen werden. Da waren es die wilden Schreie der Banchees in der Nacht, die in keltischer Zeit die Menschen von einsamen blutroten Felsen abhielten und sie warnten, durch die heiligen Täler zu wandern, wenn sie dort nichts zu suchen hatten. Aber wer den Mut hatte, mitten hindurch zu gehen, wer sich zwischen die Häupter der beiden Sphinxe wagte. [...] Wir wissen nicht, was mit jenen geschah. Wenn ihr es herausfinden wollt, wandert zu den Katzenfelsen, die zwei Köpfe haben [in der Nähe von Satzvey], und wer weiß, was euch zwischen den Felsen widerfährt.«

In Skandinavien stellen viele Bäuerinnen auch heute noch zwei Schüsseln mit Milch vor die Haustür: Eine für die Katze und eine für den Troll, mit dem sie es sich nicht verscherzen wollen. Ich kenne zwei norwegische Landwirtinnen, die dieses Ritual noch heute praktizieren und der Ansicht sind, dass die Katzen, die sie auf dem Hof versorgen, ihnen Glück bringen. Insbesondere die traumhaft schönen Norwegischen Waldkatzen, die mit ihrem im Lauf wehenden Schwanzfell auch als Feenkatzen bezeichnet werden, sind bei ihnen sehr beliebt.

Hinweise auf die Bedeutung der Katzen in Skandinavien lassen sich bereits in der nordischen Sagensammlung der *Edda* finden.

Generell hieß es, dass die Menschen, die eine Katze gut versorgten, sie pflegten und liebten, auf den Schutz der Göttin Freya hoffen durften. Da die Göttin verschiedene weibliche Tugenden und Fähigkeiten verkörperte, die als positiv eingeschätzt wurden, glaubte man, dass diese Eigenschaften, zu denen Fruchtbarkeit, Liebesgeschick und Konfliktfähigkeit innerhalb der Familie zählten, auf diejenigen übergingen, die den Gefährtinnen der Freya mit Zuneigung entgegentraten.

Freya, eine Göttin mit hohem Ansehen bei den Wanen, und bei den germanischen Junggöttern, den Asen, als Frigga bezeichnet, soll die Gemahlin von Odin gewesen sein, jedoch bereits vor ihm geherrscht haben. Sie wird auch als Muttergöttin oder Stammmutter benannt. Mythen berichten davon, dass Odin all sein Wissen von Freya vermittelt bekommen haben soll. Freya war eine Göttin der Liebe und der Fruchtbarkeit. Ihre Gefährtinnen und Begleiterinnen liefen auf vier Pfoten. Die Katzen der Göttin sollen so groß und stark gewesen sein, dass sie ihren Himmelswagen ziehen konnten. Einige Quellen behaupten, es habe sich hierbei um Wildkatzen gehandelt.

Andererseits wird von wissenschaftlicher Seite die Meinung vertreten, dass die europäische Wildkatze gar nicht bis Skandinavien vorgedrungen sei. Züchter der Norwegischen Waldkatze, die schon vor dem Ersten Weltkrieg den Verlust dieser sagenumwobenen, robusten nordischen Halblanghaar-Katze durch die Verpaarung mit einfachen, kurzhaarigen Hauskatzen fürchteten, entwickelten ein Programm zum Erhalt der Rasse (Kurzhaar vererbt sich dominant). Sie glaubten, in der Mythologie um die

Göttin Freya erste Hinweise auf die heute so beliebte Rassekatze zu finden.

Freya galt nicht nur als Herrin der Katzen, sondern auch als Göttin des Mondes. Einige Mythologen sehen daher eine Verbindung zur bereits erwähnten Katzengöttin Bastet.

Die indische Katzengöttin Shasti war genauso wie die griechische Göttin Artemis und die römische Gottheit Diana für Furchtbarkeit und Mutterschaft »zuständig«. Sie alle wurden oft als Katzen dargestellt.

Auch in Märchen lassen sich immer wieder Hinweise auf Katzen finden, die Göttinnen und zauberischen Frauen den Wagen zogen. So auch in der Sage von den Steinernen Jungfrauen im Eselsburger Tal, die Martina Schäfer wiedererzählt hat: »Es lebten einmal drei Jungfrauen – das sind in der Sprache unserer Urmütter freie, keinem Manne untertane Frauen – im Eselsburger Tal. Sie waren stolz und schön und der Zauberei mächtig. Machmal fuhren sie in ihren, von wilden roten Katzen gezogenen Wagen mit lautem Hallo durch die nahe liegenden Täler, von denen eines aus diesem Grund bis heute Katzental heißt. [...]

Doch sie lebten in rauen Zeiten, und man neidete den drei Frauen ihre Freiheit, man gönnte ihnen nicht das lustige, männerfreie Leben, das sie führten, denn wozu – so sagte die Älteste von ihnen, brauchen wir Frauen einen Mann? Dann verliebten sich die Mädels dummerweise doch in einen jungen Mann, einen Fischer, der gut singen konnte; doch der war vom anderen Stern und außerdem verehrte er Frauen, ohne etwas von ihnen zu wollen. So sehr sie auch suchten, den optimalen Mann fanden sie nicht, und so sind sie zu Stein geworden und warten immer noch. Wären sie ausschließlich bei ihrem lustigen Leben geblieben und hätten weiter schlicht Spaß im Zusammenleben mit ihren Katzen gehabt, wäre das wohl nicht passiert.

Und wenn eine freie Frau des Nachts durch dieses Tal geht oder auch in der Mittagshitze, morgens zum Sonnenaufgang oder wenn der Mond sich leise davon schleicht, kann sie alle miteinander hören. Den Fischer, die Zauberinnen, sie hören die Katzen jagen [...].«

Es gibt zahlreiche andere Märchen und Legenden, in denen meist Männer die für sie unergründliche Beziehung und Verwandtschaft zwischen Frauen und Katzen zu erklären versuchen. Frauen erscheinen darin oft als listig, sie besitzen eben die »Waffen einer Frau«.

Dass Frauen sich im Laufe der Geschichte zahlreiche Tricks haben einfallen lassen müssen, um zu überleben und ihre Ziele zu erreichen, liegt auf der Hand. Dass die Herren der Schöpfung meist nicht in der Lage waren, Frauen zu verstehen, wird wohl häufig daran gelegen haben, dass sie sich nicht mit einer Frau als gleichberechtigtem Gegenüber auseinander setzen wollten. Nicht von ungefähr schätzten und schätzen dominante Männer oft mehr den Hund, der ihnen gehorcht, als eine Katze, die eigenwillig ihr Leben bestimmt.

Obwohl Katzen in den ärmeren Ländern der Erde kaum eine Bedeutung als Haustier haben, heißt es in einer Region von Ghana, eine Frau, die von einer Katze geliebt wird, werde deren Seele teilen, ihren Mann so bezaubern, dass er immer gut zu ihr ist, und viel Glück, also reich zu essen und viele Kinder haben, die sie im Alter versorgen werden. Die oben erzählte afrikanische Geschichte erklärt, warum Katzen Frauen aufgrund ihrer Stärke besonders schätzen.

Wie verhext: Das Mittelalter

Da die Katze eng mit heidnischen Gottheiten verbunden wurde, sank ihr Ansehen mit Ausbreitung des Christentums und der Verbannung der heidnischen Bräuche. Auch wenn die alten weiblichen Fruchtbarkeitsgöttinnen teilweise in die Gestalt Marias »übertragen« wurden, so büßte die Katze, die diese Göttinnen stets begleitet hatte, stark an Ansehen ein.

In den Klöstern waren eine Zeit lang Katzen die einzigen Tiere, die mit den Klosterfrauen leben durften. Zunächst lag die Ausbildung von jungen Mädchen in der Hand der Nonnen der Klosterschulen. In der Katze sah man jedoch auch die Erbin der Göttin Freya, ging sie doch, ohne sich um die menschlichen Verbote zu scheren, ihren »fleischlichen Gelüsten« nach, was letztlich zu ihrer Vertreibung auch aus den Klöstern führte.

Die heilige Verena gilt bis heute noch als Hüterin der Heilbäder sowie der Katzen. Vor ihrer Statue legen noch heute junge Frauen ihren Braut-Kopfschmuck ab. Verena ließ sich von dem

Katzenhass in keinster Weise beeindrucken, weiß Rosemarie Müller zu berichten, die durch ihr Katzenmuseum in Basel bekannt wurde.

Das Verhältnis der Menschen, vor allem des Klerus, zu Tieren wurde im ausgehenden Mittelalter und der frühen Neuzeit, der Phase der stärksten Hexenverfolgungen, immer gespaltener. Hinter fast jedem Vierbeiner und auch Federvieh vermutete man nun das Böse. So gab es Bücher, die so genannten »Bestiarien«, in denen Tieren bestimmte Eigenschaften zugewiesen wurden, die in Beziehung zu biblischen Gestalten und menschlichen Verhaltensweisen gesetzt wurden. In diesen Bestiarien wurden Parallelen zwischen der Natur und dem Leben Christi gezogen.

Im Gegensatz zu vielen anderen Tieren kam dem Löwen, der für die meisten europäischen Menschen im Mittelalter eine eher fremde Erscheinung war, eine positive Bedeutung zu. So hieß es, der Löwe habe drei Naturen. Er verwische seine Spuren mit dem Schwanz, und wenn sein Körper ruhe, blieben dennoch seine Augen wach. Eine Löwin bringe ihre Jungen generell tot zur Welt. Sie bewache sie drei Tage lang, bis ihr Vater käme und ihnen durch den Hauch seines Atems das Leben schenke. Die drei Naturen des Löwen sollen als Symbol für Jesus gestanden haben, der seine Spuren vor dem Teufel verwischte. Die Drei nimmt auch Bezug darauf, dass Gott nach drei Tagen Jesus nach seinem Tod wieder auferstehen ließ. In den Bestiarien bekamen der Löwe und die Löwin einen besonderen Platz der Verehrung zugewiesen. Ansonsten waren darin auch zahlreiche Fabelwesen vertreten.

In der Katze sah man nun das besondere Symbol für die heidnische Religion, die es, mit welchen Mitteln auch immer, auszulöschen galt. Zahlreiche weise Frauen mussten gemeinsam mit ihren Katzen ihr Leben auf dem Scheiterhaufen lassen, auf dem sie als Hexen verbrannt wurden. Heilkundige Frauen und auch ihre Katzen wurden zu Sündenböcken für alles und jedes gebrandmarkt, um von den Widersprüchen innerhalb der christlichen Glaubenslehre abzulenken. Wenn es auch einige Männer gab, die als Ketzer verfolgt wurden, so mussten doch erheblich mehr Frauen ihr Leben lassen.

Wer nicht brannte, war nicht vom Teufel besessen, so hieß es. Es versteht sich von selbst, dass niemand diesen »Test« bestehen konnte. Einer ähnlichen Prozedur wie jener auf dem Scheiterhaufen wurden viele Frauen und auch zahlreiche Katzen unterzogen, indem man sie in einem mit Steinen beschwerten Sack in tiefes Wasser warf. Diejenigen, die an der Oberfläche schwammen, waren Ketzerinnen oder Teufelstiere, die anderen leider tot.

Als Begleittiere von angeblichen Hexen oder des Teufels persönlich wurden im Mittelalter unzählige Katzen getötet. Gustav Michel gibt in seinem *Buch der Katzen* dazu einiges an: »Wie groß die Zahl der Opfer gewesen, kann man daraus ersehen, dass in den sieben Jahren 1587–1593 allein zwanzig Dörfer in der Hauptstadt Trier 360 Personen auf den Scheiterhaufen lieferten. Gegen Ende des 16. Jahrhunderts wurden in Genf in einem Zeitraume von drei Monaten gegen 500 Hexen verbrannt, und Ludovicus Paramo berichtet, dass die Inquisition in 150 Jahren 30 000 Hexen auf den Scheiterhaufen brachte [...], auch tausende von Katzen mussten als Hexen oder Symbol des Bösen in den Flammen enden. In fast allen Hexenprozessen kamen Katzen vor und wurden Katzen mitverbrannt.«

Doch warum lebten so genannte Hexen, also heilkundige, weise Frauen, mit Katzen zusammen? Auf Darstellungen sieht man diese Frauen mit einem Besen und einer Katze abgebildet. Die Frauen, die über die Heilkraft von Pflanzen und Kräutern Bescheid wussten, sind mit ihrem Besen wohl kaum durch die Vollmondnacht geritten. Vielmehr werden sie mit ihren Besen das beherzigt haben, was uns heute wie eine Selbstverständlichkeit erscheint: dass ein gewisses Maß an Hygiene der Gesundheit eher zuträglich ist als zu viel Schmutz.

Die Katze an der Seite der heilkundigen Frau wird vor allem den Zweck gehabt haben, Ratten und Mäuse als Krankheitsüberträger, insbesondere der Pest, vom Haus fern zu halten. Kurioserweise wurde von den Katzen behauptet, sie seien Überträger der gefürchteten Pest. Die als Hexen bezeichneten Frauen, die meist außerhalb der Dörfer wohnten, wussten es besser und waren somit seltener von Ansteckung bedroht.

Eine Predigt des Berthold von Regensburg um 1240 stellt einen wortgeschichtlich zwar falschen, aber interessanten Zusammenhang von Katze und Ketzer bzw. Ketzerin her: »[...] darum heißet der Ketzer ein Ketzer, weil er der teuflischen Katze gleicht in ihrer Falschheit.« Der Begriff Ketzer wurde jedoch ursprünglich von den Katharern abgeleitet und bedeutete

»Reingläubige«. Ebenso meinte Albertinus: »Also sind und bleiben die Katzen und die Ketzer Ketzer, denn sie sind einerlei Art.« Auch Luther bezeichnete Menschen, die die Bibel anders als offiziell erlaubt auslegten, als »Katzenmeister«. Über Frauen äußerte er: »Es gibt keinen Rock, der einer Jungfrau so übel steht, als wenn sie klug sein will.« Als Ehebrecherin galt für ihn eine Frau, die sich folgendermaßen benimmt: »Da sie schamlos, sittenlos ist, ihren Mann nichts zu gefallen tut und herumläuft, wohin sie will.«

So ändern sich die Zeiten: Damals galten Frauen und Katzen als falsch und böse, und heute freut sich jede Frau, wenn sie mit einer Katze verglichen wird, wenn es sich nicht gerade um Garfield handelt. Früher wirkte sich ein Vergleich jedoch meist ungünstig aus. So schreibt Ulrich Klever: »Frau und Katze: Das Wesen der Katze unergründlich und keinem außer sich selbst gehorchend, wurde oft mit der Frau verglichen und hat sich als negative Eigenschaft auf das Hexenbild übertragen. Die Hexe konnte sich in Katzengestalt verwandeln und unerkannt ihren Schadenzauber ausüben. So wird eine solche Verwandlung im ›Compendium Maleficarum‹ 1626 im Bild gezeigt. Auch bei den erotischen Hexenbildern der Künstler der Jahrhundertwende ist diese Verwandlung beliebtes Motiv, zum Beispiel bei Steinlen: Aus schwarzen Katzen werden nackte, auf Besen in den Himmel fliegende Hexen. Verklemmte Erotik, heimliche Fleischeslust und Sado-Masochismus gehörten mit zum Hexenwahn.«

Großbritannien, das Katzenparadies

Die Bibliografie *Four Centuries of Cat Books* der Amerikanerin Claire Necker, in der fast nur englischsprachige Katzenbücher von 1570 bis 1970 notiert sind, verdeutlicht, welch hohen Stellenwert Katzen im angelsächsischen Raum seit langer Zeit einnehmen. So wurde auch die erste Katzenausstellung 1871, von Harrison Weier organisiert, im Londoner Crystal Palace abgehalten.

Auch die erste bekannte Katzenzüchterin war eine Engländerin: Lady Marcus Beresford gehörte den so genannten höheren gesellschaftlichen Kreisen an, andernfalls hätte sie sich den Luxus dieses Hobbys gar nicht leisten können. Sie gründete 1898 den »Cat Club« als Konkurrenz zum bereits bestehenden »National Cat Club«. Bis zu dreißig Katzen brachte die Lady zu Schönheitswettbewerben mit, um die sie sich jedoch nicht allein kümmerte.

Katzenausstellungen waren ein gesellschaftliches Ereignis, und nicht nur Lady Beresford reiste auf Ausstellungen mit Personal an. Diener und Zofen kümmerten sich bei diesen Ereignissen um ihre Bedürfnisse, Katzenbutler um das Wohl der Samtpfoten. An ihrem Wohnsitz in Bishopsgate wurden etwa 150 Katzen von entsprechend zahlreich vertretenem Personal ausgiebig und hochwertig verpflegt. Von dem dargebotenen Futter – Hackfleisch und Fisch mit Reis sowie Ziegenmilch für Katzenjunge und trächtige Katzen – naschten die Katzenbutler sicher hin und wieder, die sicher schlechter verköstigt wurden als die

Vierbeiner. Die medizinische Versorgung der Katzen war durch eine eigene Hausapotheke sichergestellt.

Mrs. Mackenzie Stewart, ebenfalls eine Dame der Highsociety, lebte mit zahlreichen Samtpfoten auf ihrem Landsitz im schottischen Hochland. Ihre Perserkatzen wurden besonders wegen ihres dichten und gepflegten Pelzes geschätzt.

Die Katzenfreundin und Katzenrichterin Frances Simpson ist auch heutigen Katzenbuchsammlern ein Begriff. 1903 veröffentlichte der Londoner Cassel-Verlag ihr 380 Seiten umfassendes Katzenbuch *The Book of the Cat.*

In einer Londoner Zeitung wurde um 1900 folgendes Inserat aufgegeben: »Alte Dame sucht wohlerzogenen und gut gekleideten Knaben, der einer Katze mit zarter Gesundheit täglich ein paar Stunden Gesellschaft leistet.« Wenn das kein Zeichen für die Wertschätzung ist, die Katzen bei den Briten entgegengebracht wurde.

Katzenjammer

Als Katzenjammer wird hin und wieder auch die Situation beschrieben, in der ein Mensch sich befindet, wenn ihn seine vierbeinige Freundin oder sein Kater verlässt. Im Volksmund steht der Begriff allerdings eher für das Jammern im Krankheitsfall, das Menschen mit Katzen gemein haben sollen. Stirbt eine geliebte Katze, so ist dies für die meisten Betroffenen ein unbeschreiblicher Verlust. Es entsteht eine Lücke, die nicht leicht wieder zu füllen ist.

Da gibt es zahlreiche alltägliche Gewohnheiten und Rituale, die im Laufe des Zusammenlebens mit der Katze entstanden sind. Wenn man nicht gleich zwei Katzen hält, steht nun keine Samtpfote mehr miauend die Erlebnisse ihres Tages erzählend und auf Futtergabe, Spiel und Schmuseeinheiten freudig wartend im Hausflur, sobald man die Tür öffnet. Keine rollt sich beim Fernsehen oder Zeitunglesen auf unserem Schoß zusammen oder liegt gemütlich neben uns auf dem Sofa. Keine Katze begleitet uns schnurrend auf dem Weg in den Schlaf. Auch noch Wochen nach ihrem Tod greifen wir manchmal gedankenverloren neben uns – um dort nur Leere zu spüren. Kein weiches warmes Fell berührt uns. Manchmal sehen wir lächelnd in die Richtung, aus der ein unbekanntes Geräusch kommt, bis uns klar wird, dass es gar nicht durch Mohrle oder Minka ausgelöst wurde, weil sie ja nicht mehr bei uns weilt.

Dies ist insbesondere für Katzenfrauen eine enorm schwere Zeit, die keine tierliebenden und mitfühlenden Freunde haben. Doch obwohl es abgedroschen klingt: Die Zeit heilt alle Wunden. Die Liebe zur Katze bleibt bestehen, aber der Schmerz lässt nach einer Weile nach, bis die Erinnerung noch da ist, aber nicht mehr so wehtut.

Die Frau, die in ihrer Trauer eine Freundin oder einen Freund hat, die oder der mit ihr weint und sie eventuell auf dem letzten Weg zum Tierarzt begleitet oder die Katze mit bestattet, kann sich glücklich schätzen. Insbesondere allein stehende Frauen vermissen in solchen Stunden oftmals den nötigen Trost. Aus diesem Grund überlegte man sich zum Beispiel im Pfarrkonvent im schweizerischen Aarau, initiiert durch eine Tierarzthelferin, beim Tod von Haustieren auf Wunsch »Abdankungen« durch einen Geistlichen durchzuführen. Dies ist in den USA durchaus üblich.

Auch Psychologen und Therapeuten, wie die Tierfreundin Ute Klockgether-Dionísio, haben dieses Problem erkannt und bieten Katzenfreundinnen und -freunden professionelle Hilfe an, die den letzten Gang zum Tierarzt fürchten oder unter dem Verlust ihrer Mieze so leiden, dass sie in der Trauer zu versinken drohen. Aus eigener Erfahrung weiß sie nicht nur, wie bereichernd das Zusammensein mit einem geliebten Tier sein kann, sondern auch, wie schwer und bedrückend sich der Abschied von einem solchen »Lebensgefährten« oftmals gestaltet. Innerhalb ihrer therapeutischen Arbeit hat sie häufig erfahren müssen, dass Menschen, die um ein Tier fürchten oder trauern, von ihrer Umgebung nicht ernst genommen und oft allein gelassen werden. Mit der Zeit fasste sie, u.a. durch Anfragen und Anregungen von Katzenhaltern und Tierärzten, den Entschluss, für diese Situationen ihre Hilfe anzubieten. Die Therapeutin ermöglicht Gespräche in ihrer Praxis, macht Hausbesuche und begleitet auch Katzen- und Hundehalter mit ihren Tieren, wenn diese eingeschläfert werden müssen.

Mir als Züchterin fiel bei den Gesprächen mit Katzenfreundinnen besonders auf, dass der Tod der geliebten Katze fast immer der Auslöser für Gespräche über die besonders gelebte Nähe zu dem Tier war. Als hätte die Katzenfreundin zuvor befürchtet, wegen ihrer intensiven Gefühle zu einer Katze belächelt zu werden.

Erlaubt uns erst der Tod, über Emotionen zu sprechen, die nicht jede(r) nachvollziehen kann? Deutet dies nicht auf eine Verrohung unserer Gesellschaft hin, in der Gefühle nicht mehr gezeigt werden dürfen und sich die Zuneigung zum Tier als Mitlebewesen, trotz der Bemühungen im Tierschutz letztendlich immer noch vor allem auf dem Papier bemerkbar macht?

Zum Glück sind gerade Frauen auch heute noch in der Lage, ihre Emotionen ohne Scham zu zeigen. Dieses Recht gesteht man Frauen auch eher als Männern zu. Letztere gelten, sollten sie Trauer um ein Tier in der Öffentlichkeit zeigen, als Schwächlinge. Frauen reagieren, so war die Einschätzung über Jahrhunderte, sensibel und emotional, wobei den Männern die Aufgabe des rationalen Denkens zugestanden wurde.

Als ich nach dem Tod meiner Lieblingskatze Mimi stundenlang mit roten, verquollenen Augen schluchzend durch die Gegend lief, hatte dafür jeder Verständnis. Mein Mann musste, kurz nachdem wir Mimis Tod festgestellt hatten, zu seinem Arbeitsplatz zurückkehren. Er konnte sich den Luxus der offenen Trauer nicht erlauben. Ein über den Tod einer Katze weinender Chef am Schreibtisch, das hätte bei den meisten Kollegen wohl nur Verlegenheit ausgelöst. Ist es ein Wunder, ohne Männer bezüglich ihrer »Gefühlshilflosigkeit« generell in Schutz nehmen zu wollen, dass sie auch ansonsten Schwierigkeiten damit haben, zu zeigen, was sie empfinden, wenn es sich nicht gerade um Wut oder Aggression handelt?

Das Akzeptieren des Unfassbaren ist wichtig für die Trauerarbeit, die es letztendlich ermöglicht, sich aus diesem Zustand befreien und zum Alltäglichen zurückkehren zu können. Über Gespräche und die Nähe von Freundinnen und Freunden, die Trost bieten, hinaus, sollten Frauen sich nach einer gewissen Zeit überlegen, sich eine neue vierbeinige Freundin zu suchen. Die Beziehung zu einer neuen Katze wird anders sein, weil jedes Tier anders ist. Doch auch hier ist es wie bei den Menschen: Wenn die Trauer vorüber ist, sollten wir uns wieder den Lebenden zuwenden.

Dass es Menschen gibt, die nur sehr schwer in der Lage sind, den Tod ihrer Katze zu verwinden, zeigt die Geschichte eines Ehepaars, das sich mit dem Wunsch an mich wandte, einen Kater bei mir kaufen. Sie waren der Ansicht, dass ihr verstorbener Liebling bzw. dessen »Teilseele« in einer anderen Katze wiedergeboren würde.

Dei beiden erzählten, obwohl sie ihren Kater beerdigt hatten, würden sie ihn immer noch über das Hausdach laufen hören. Sie ließen daraufhin das Dach des Hauses neu decken, doch die Geräusche hörten nicht auf. Die Nachbarin, eine Buddhistin, die ihnen zuvor auch gedeutet hatte, wo der von ihnen gesuchte Kater vergiftet zu finden war, hatte ihnen geraten, die Seele des Katers loszulassen und ihn als Teilseele wiedergeboren zu suchen.

Über zwei Jahre wartete das Ehepaar nach unserem ersten Kontakt, bis in meinem Haus ein Kater das Licht der Welt erblickte, der ihrem verstorbenen Kater zu meiner Verblüffung absolut ähnlich sah. Ihr Kater war nämlich keine Norwegische Waldkatze, wie alle meine Katzen. In dem Moment, in dem für das Paar klar war, dass sie ihren Liebling bei mir »wiederfinden« würden, hörten die Geräusche auf ihrem Dach überraschenderweise auf.

Es gibt noch etwas in diesem Zusammenhang, das nur wenigen Katzenfreundinnen bekannt ist. Die beim Tierarzt hinterlassenen Körper verstorbener Tiere werden nicht im klassischen Sinne beerdigt, sondern anderweitig »entsorgt«. Wem dies, wie auch mir, pietätlos erscheint, der sollte seine Mieze im heimischen Garten oder im Wald bestatten. Katzen- bzw. Tierfriedhöfe sind in Deutschland immer noch sehr selten. Wer hierüber Auskunft erhalten möchte, sollte sich an den Tierschutzbund seines Ortes wenden.

Der bekannteste Tierfriedhof befindet sich in Frankreich auf der Seine-Insel Ile des Ravageurs. Die Tierliebhaberin Marguerite Dunant gründete ihn 1839. Eine Freundin, die den Friedhof vor Jahren besuchte, berichtete mir, dass hier über 50 000 Menschen ihre Haustiere beigesetzt haben. Die Denkmäler, die trauernde

Tierfreunde auf die – nach Tierarten getrennten – Gräber gesetzt haben, sollen in vielen Fällen prunkvoller als die auf Menschenfriedhöfen sein.

Meine Freundin unterhielt sich hier mit einer älteren Dame, die seit Jahren täglich ihre verstorbene Katzengefährtin besuchen ging, der sie einen reich geschmückten Grabstein aufgestellt hatte. »Ich habe fast alle meine Freunde überlebt«, erzählte die alte Dame ihr, »und war nun häufig allein. Als auch Noël von mir ging, hatte ich das Gefühl, nun auch von dieser Erde abtreten zu können, weil mich keiner mehr brauchte. Doch dann erschien Noël mir im Traum und bat mich, mich um andere Katzen zu kümmern, denen es nicht so gut ging wie ihr während ihres Lebens bei mir. Seitdem füttere ich täglich die vielen herrenlosen Katzen hier und habe mich dabei mit einigen anderen Frauen zusammengetan. Ich bin nun gar nicht mehr einsam. So hat Noël mein Leben auch nach ihrem Tod noch beeinflusst, da ist es ganz selbstverständlich für mich, dass ich immer Blumen auf ihr Grab lege und es pflege. Ich treffe hier viele Frauen, denen es ähnlich geht wie mir. Uns verbindet unsere Liebe zu den Tieren, mit denen wir unser Leben teilten. Es ergeben sich so ganz zwangsläufig Gespräche, und sehen Sie, junge Frau, auch Sie haben mich angesprochen, obwohl wir uns gar nicht kennen.«

Im Internet gibt es mittlerweile einen virtuellen Katzenfriedhof unter www.katzenfriedhof.de. Angesichts der rührenden Geschichten und Nachrufe können einem hin und wieder schon die Tränen kommen. Nicht immer wird der Körper einer verstorbenen Katze vom Tierarzt freigegeben. Den Menschen fehlt dann die Möglichkeit, von ihren Katzen in gebührender Form Abschied zu nehmen. Die Möglichkeit, der Katze zumindest im Internet einige letzte Worte zu widmen, scheint für viele »verwaiste« Katzenbesitzerinnen und -besitzer ein Ersatz zu sein.

Danksagung

Meinen Eltern danke ich dafür, dass sie mir von klein auf vermittelt haben, dass ich im Leben alles erreichen kann, wenn ich es nur will, und dass ich als Frau sehr wohl in der Lage bin, meinen eigenen Weg zu gehen.

Meiner Freundin Angela Eschmann danke ich für ihre geduldige und humorvolle Unterstützung während all der Höhen und auch der wenigen Tiefen, die ich während des Bücherschreibens immer wieder einmal erlebe.

Mehrere Frauen haben mich zudem auf der Suche nach Material unterstützt. Auch denen, die im Buch sowie an dieser Stelle nicht namentlich erwähnt sind, sei ein herzliches Dankeschön ausgesprochen.

Die Autorin

Die Journalistin und Katzenzüchterin Sabine Jansen-Nöllenburg ist eine viel gefragte Expertin: Sie hat bereits sechs Bücher zum Thema Katze verfasst und schreibt für verschiedene Katzenzeitschriften sowie für die Frauen- und Familienressorts diverser anderer Publikationen. Außerdem stand sie in der MDR-Fernsehsendung »Tierisch, tierisch« Zuschauern mit Rat und Tat zur Seite.

Sie lebt mit ihrer Familie und ihren Katzen in Mülheim an der Ruhr.

Literatur

Bessant, Claire: *Knaurs Katzenbuch*, München: Droemer-Knaur 2000

Bossemeyer, Susanne/Junker, Martin: *Katzen. Geliebt, gehasst, verehrt – und rätselhaft*, Mannheim: Meyers Lexikonverlag 1999

Damjan, Mischa/Schilling, Rudolf: *Mau Mao Miau. Die Katze durch die Jahrhunderte*, Zürich: Nord-Süd 1969

Donadoni, Sergio: *Der Mensch des alten Ägypten*, Frankfurt am Main: Fischer 1997

Duby, Georges/Perrot, Michelle: *Geschichte der Frauen im Bild*, Frankfurt am Main: Campus 1995

Dudman, Helga: *Chaplins Katze, Clintons Kater und viele andere verkannte*, München: dtv 2000

Edney, Andrew: *Katzen*, Köln: Taschen 1999

Friz, Thomas/Schmeckenbecher, Erich (Hg.): *Es wollt ein Bauer früh aufstehen. 222 Volkslieder*, Dortmund: pläne 1979

Golowin, Sergius: *Das Geheimnis der Tiermenschen*, Basel: Sphinx 1993

Greiffenhagen, Sylvia: *Tiere als Therapie. Neue Wege zur Erziehung und Heilung*, München: Kynos 1991

Große Frauen der Weltgeschichte. Tausend Biografien in Wort und Bild, Klagenfurt: Neuer Kaiser Verlag 1987

Jacq, Christian: *Nofretetes Schwestern. Eine Kulturgeschichte der Ägypterinnen*, Hamburg: Rowohlt 2000

Jansen-Nöllenburg, Sabine: *Rassekatzen kaufen mit Verstand. Der Ratgeber für Käufer und Züchter*, Cham: Müller Rüschlikon 2000

Jansen-Nöllenburg, Sabine: *Unsere Katze zieht ein. Was ist zu beachten?* Cham: Müller Rüschlikon 2000

Jansen-Nöllenburg, Sabine: *Katze und Kind. Für ein harmonisches Miteinander*, Cham: Müller Rüschlikon 2001

Jansen-Nöllenburg, Sabine: *Wie Katzen mit uns reden. So sag ich es meiner Katze*, Cham: Müller Rüschlikon 2001

Jansen-Nöllenburg, Sabine: *Wir wollen eine Katze. Kleine Katzenkunde – Wie und wo kaufen?* Cham: Müller Rüschlikon 2000

Jansen-Nöllenburg, Sabine: *Unsere Katze bekommt Junge. Planung, Geburtshilfe, Aufzucht*, Cham: Müller Rüschlikon 2001

Kast, Verena: *Die beste Freundin. Was Frauen aneinander haben*, München: dtv 1995

Lebensalltag im Mittelalter. Reisen in die Vergangenheit, Stuttgart: Das Beste 1995

Matthew, John: *Keltischer Schamanismus*, München: Hugendubel/Diederichs 2000

Paungger, Johanna/ Poppe, Thomas: *Vom richtigen Zeitpunkt. Die Anwendung des Mondkalenders im täglichen Leben*, München: Hugendubel/Irisiana 1996

Rogers, Kathrine, M.: *The Cat and the Human Imagination. Feline Images from Bast to Garfield*, The University of Michigan 1998

Rousselet-Blanc, Pierre (Hg.): *Knaurs großes Handbuch der Katzen*, München: Droemer Knaur 1997

Rüsen, Jörn/Kuhn, Anette (Hg.): *Frauen in der Geschichte II. Sozialgeschichte der Frauen vom frühen Mittelalter bis zur Gegenwart*, Düsseldorf 1982

Schäfer, Martina: *Die magischen Stätten der Frauen. Reiseführer durch Europa*, München: Hugendubel/Sphinx 2000

Schimmel, Annemarie: *Die orientalische Katze. Mystik und Poesie des Orients*, Freiburg: Herder 1991

Waleffe, Pierre: *Freude mit Katzen*, Text von Pola Weiss, Genf: Edition Minerva 1970

Walker, Barbara G.: *Das geheime Wissen der Frauen. Ein Lexikon von Barbara G. Walker*, München: dtv 1995

Walker, Barbara G.: *Die geheimen Symbole der Frauen. Lexikon der weiblichen Spiritualität*, München: Hugendubel/Sphinx 1997

Bildnachweis

Archiv für Kunst und Geschichte, Berlin: S. 105; 139 (Werner Forman)
Yann Arthus-Bertrand, Les Mesnules: S. 7
Ein Herz für Tiere, München: S. 13, 37, 75 (Marianne Sock); 87 (Ulrike Schanz)